デジタル資本主義

野村総合研究所
代表取締役社長
此本臣吾［監修］

森健・日戸浩之［著］

東洋経済新報社

Digital Capitalism

未来を創る選択——三部作刊行にあたって

新しい社会のパラダイムを洞察し、その実現を担う——。日本初の民間総合シンクタンクとして、１９６５年の創業以来、野村総合研究所（ＮＲＩ）が掲げてきた社会的使命である。ＩＴが社会インフラとなることを予見し、コンサルティングとＩＴソリューションを融合したサービスを、企業や社会にいち早く提供してきた。その流れのなかで今、進展しつつあるデジタル化社会への対応も支えていこうとしている。ＩＴを使って社会や産業のあり方を変革する、いわゆる「デジタル・トランスフォーメーション」である。

世界は大きく変化し続けている。ＡＩやＩｏＴなどの技術革新が進む一方で、グローバル化の波も押し寄せてきている。「デジタルエコノミー」が世界各地で同時に立ち上がっている環境下で、国の制度や企業経営、個人の生活は、従来と全く異なるものにならざるを得ない。日本においては、少子高齢化や地方創生などの社会課題の解決も、同時に考えていく必要がある。

このような変わり目に、日本や世界のあるべき姿を描き、社会制度や企業経営の方向を考え提言することこそが、ＮＲＩの役割である。「持続可能な未来社会を、皆でともに創っていきたい」。シンプルだが強い想いから、ＮＲＩの総力を結集した。さまざまな分野で専門的な知見を持つ研究員やコンサルタントが、外部の専門家とも議論しながら、〝デジタル化が拓く近未来〟の方向性を探っている。

ＮＲＩではこの取り組みの意義を共有する東洋経済新報社の協力を得て、本書をスタートに研究成果を三部作として毎年発行し、世の中に提言することとした。

第一弾となる本書では、日本のデジタル化のゆくえを占う前提となる、資本主義の流れを整理した。そのうえで、デジタルの影響下にある現在の資本主義を「デジタル資本主義」と定義し分析するとともに、これからの資本主義のゆくえを幅広い視点から考察した。

第二弾の書籍化に向けては、デジタルエコノミーがもたらす社会や産業構造のパラダイムシフトについて、議論や研究を進めている。第三弾では、社会や産業のあるべき姿を考え、産業政策や企業マネジメントの新しい方向感を示したい。そのうえで、GDPではない、新しい〝豊かさ〟の計測手法も検討したいと考えている。

どのような未来を創るのかは、今、私たち一人ひとりの意識と選択にかかっている。どんな未来が実現するのか？　取り組みの結果が現れるのは、2020年代となるであろう。本シリーズが、その一助となれば幸いである。

2018年4月

株式会社野村総合研究所　代表取締役社長　此本　臣吾

目次

第2章
資本主義　対　民主主義？

PART II　デジタル資本主義の登場

第3章　捉えきれない消費者余剰の増大　50

第4章
所有からアクセスへ——シェアリング・エコノミーの登場　77

PARTⅢ　デジタル資本主義の多様性とその未来

第8章　デジタルを世界史のなかに位置づける

第9章 デジタル社会の多様性 195

第10章　資本主義のゆくえ　216

（文中敬称略）

イントロダクション

GDPでは捉えきれないデジタル化の影響

第4世代のスマートフォンが2014年以降、本格的に普及し始めてから、暮らしのデジタル化が一気に進み出した。それとともに生活者の実感も大きく変化したことが、数字の上にもはっきりと現れている。

野村総合研究所（NRI）が3年ごとに実施している「生活者1万人アンケート調査」の「世間一般からみた自分の生活レベルに対する意識」を見ると、2010年頃を境に、自分の生活者レベルが「上」、あるいは「中の上」であるという回答が増えている。

この期間、賃金水準は低下傾向なのに、なぜ生活実感が向上しているのか。「上」、「中の上」と回答した人に共通するのは、「インターネットなどで生活情報、お得情報を集めることで賢い消費ができるようになった」と回答していることである。ここ数年、ＩＴの利活用レベルが格段に高まり、賃金の伸びがなくとも生活水準を高く維持している様子が定量的に観察されるのである。

ＧＤＰという指標でみると経済は停滞し、賃金も伸びないが、その一方で生活者は生活の質の豊かさを享受している――この現状をもう少し掘り下げて考えると、デジタル化はＧＤＰ統計では見えてこない何かを我々にもたらしているのだということに気づく。我々はそれを解き明かさなければならない。

デジタル化がもたらしたことは、これまでには考えられなかったような価格の低下である。たとえば消費者はインターネットで価格を徹底比較できるようになったため、モノの製造コストは変わらなくても価格だけがどんどん押し下げられる。一方、インターネットを通じて販売すればダイレクトに顧客と接点を持てるため、流通上の中間マージンも省かれる。音楽コンテンツのように商品がデジタル化すれば複製コストはほぼゼロとなるため、生産に必要なコストも劇的に低下する。このようにアナログ時代と同じ機能を持つ製品でも、デジタル化によって価格とコストが同時に大幅に切り下げられている。

生活者が何か物を買ったりサービスの提供を受けたりするときに、「この内容であればこれぐらいは支払ってもいい」と思う金額がある。これが「支払意思額」である。支払意思額と実際の価格との差を「消費者余剰」という。消費者余剰は、消費者が「得した」、「お買い得だった」と思える部分だというふうにイメージしていただければよい。

一方、生産者も、実際は価格よりも低いコストで商品を生産しており、価格とコストとの差分である「生産者余剰」を得ている。これは企業の利潤である。

デジタル化が進んだ昨今、消費者の支払意思額は以前とあまり変わらないのに、モノの価格が生産コスト以上に大きく下がった。そこで消費者余剰の拡大と生産者余剰の縮小が起こっているのである。

デジタル化の影響とＧＤＰ統計の関係に話を戻すと、注目すべき点は、この生産者余剰は（定量化されて）ＧＤＰ統計に反映されるが、消費者余剰は（主観的なものでもあり）計測されず、反映もされないということである。そのため我々は、デジタル化によって拡大した消費者余剰を把握しないまま、ＧＤＰ（生産者余剰）統計ばかりを見て、「経済情勢と生活実感の間にどうもギャップがあるようだ」と感じることになる。

消費者余剰と生産者余剰の合計は「総余剰」と呼ばれるが、総余剰こそがその商品・サービスが生み出した真の意味での付加価値だとも言える。総余剰は、客観的に把握できる生産者余剰と、主観的にしか把握できない消費者余剰によって構成されている。総余剰をデータとしてとるのは難しいが、ＮＲＩがアンケート調査によって確認したように、主観的なものも何らかの形で定量化できないことはない。デジタル化が進んだ経済においてＧＤＰという指標だけでは価値の計測が難しくなっているのは確かであり、新たな指標が必要になっている。

加速するシェアリング・エコノミー

デジタル化のある意味での本質は「ネットワーク効果(1)」である。たとえばＩｏＴにつながる機器は世界で80億台（２０１６年）と言われているが、２０２０年には５００億台、２０３０年には１兆台になると予測されている。メトカーフの法則(2)でみれば、２０１６年と比較して２０２０年のＩｏＴネットワークは39倍の価値を持つことになる。また２０３０年でみれば１万５０００倍の価値となる。ネットワーク上のソーシャルデータも２０００年の１年分が今の１日分、２０２０年には１時間分になるという。あらゆるものがデジタル化し、ネットワークでつながることで幾何級数的にネットワーク上のデータが増加している。

そのビッグデータを活用したサービスの典型がウーバーである。利用者はスマートフォンで自分がどこからどこまで車に乗りたいかを入力する。スマートフォンにはGPSがついているから、その人が現在どこにいるかという情報もウーバーに送られる。ウーバーは膨大なドライバーと車両の位置情報から一番近い車両を瞬時に探り当て、配車手配が行われる。このウーバーの仕組み上にある車両運行データは10エクサバイトと言われている。日本の大手金融機関が持つデータ量の10万倍という膨大なものである。

ウーバーのようにビッグデータを活用して需要と供給を瞬時にマッチングさせるビジネスは急速な広がりをみせている。たとえば日本の自動車の稼働率は、国土交通省のデータによれば1・9～2・6％しかない。1台の自動車が1日当たりで平均すると28～37分しか動いていない。このような未稼働状態の資産を需要とうまくマッチングさせて使えるようにすれば、必要とされる自動車の数は劇的に減るだろう。民泊を提供するエアビーアンドビーも未稼働住居に着目してマッチングサービスを行っている。自動車や住居だけではない。建設機械でも自動化が進み、建設機械メーカーは機械を売るのではなく自動化された「機械による施工というサービス」を提供するようになっている。建設会社は必要なときにサービスを受ければよく、建設機械をわざわざ買って保有することはない。

デジタル化が進展し、最適な需給マッチングが実現されることで、あらゆるモノがサービス化され、ユーザー間でシェアされるようになる。このような経済を共有型経済（シェアリング・エコノミー）と呼ぶ。

ところで、未稼働資産というのはモノだけとは限らない。最近ではインターネットを通じて業務が指示され、その労働に見合う報酬を得るオンラインワーカーがグローバルに増加している。国際労働機関では２０１４年から２０１９年までの５年間で約２億人がオンライン労働市場に参加すると推計している。アジアではインドやフィリピン、欧州ではウクライナやポーランドのように英語のリテラシーが高く優秀で豊富な労働力を持つ国でその数が多い。すでに労働力もシェアリングの対象となり始めている。

デジタル化による経済の縮小リスク

シェアリング・エコノミーは確かに資源の有効活用という点では優れているが、たとえばウーバーの場合、ウーバーが成長すればディスラプトされる、すなわち崩壊させられる側のタクシー業界での雇用は失われる。当該業界内だけをみれば雇用者所得の総額は減少している可能性が高い。エアビーアンドビーの場合も未稼働住居を低コストで活用するため、この業態が成長するほど新規のホテル建設投資は抑制されるだろう。

シェアリング・エコノミーは雇用抑制的、投資抑制的なところがあり、必ずしもＧＤＰ成長に寄与するわけではなく、どちらかといえば消費者余剰を増やす方向に動く。シェアリング・エコノミーは、雇用圧力の大きな新興国よりも労働力が不足しがちな先進国と、また高度成長過程にある新興国よりも低成長に入り（過去に構築した）資産が余剰気味の先進国と相性がいい。日本の特殊事情として地方の過疎化という問題があるが、今後、人口減少に伴って未稼働資産が増えることを考えれば、そこでのデジタル化（シェアリング・エコノミー）の効果は大都市以上に大きくなるだろう。

以上のように、デジタル化の進展はある意味で（従来の尺度で計測される）経済が縮小均衡する可能性を示唆している。最適な需給のマッチングがネットワーク上でリアルタイムに行われることで、モノは所有されるのではなくサービスとして必要なときにだけ活用するものとなる。そのため、過剰な生産活動は抑えられ、概念的には在庫も不要となるので、極めて生産性の高い社会が実現する。

消費者はモノを所有するコストから解放され、消費者余剰は極大化する。一方で、生産者余剰はウーバーやエアビーアンドビーのようなシェアリング・エコノミーのプラットフォームを提供するいわゆるプラットフォーマーが独り占めし、旧来型の生産者（この場合はタクシー業界でありホテル業界）がかつて確保していた生産者余剰は押し潰されてしまう。

生産者の逆襲

しかしデジタル化によって起こる経済社会の変化は、生産者余剰の縮小や経済の縮小均衡で終わるわけではない。デジタルを活用して生産者余剰（利潤）を増やそうとする試みはこれから本格化していくはずである。その典型例がマス・カスタマイゼーションである。顧客からのデータインプットをもとに、顧客ごとに異なる製品・サービスを低コストで提供するような仕組みを構築する。言い換えれば顧客の「こだわり」をデジタル技術で実現することで支払意思額と価格を高めて、利潤を増やそうとするのである。

そこではこれまでの労働生産性にかわってピーター・ドラッカーが呼ぶところの「知識生産性」が重要となる。知識生産性とは、顧客から明示的、暗示的に提供してもらったデータをインプットとして、いかに付加価値（アウトプット）に転換できるかの転換率である。そこでアナリティクスやＡＩ（人工知能）が活躍する。

知識生産性を高めるためには、まず良質のインプットデータが必要で、そのためには、企業は顧客を巻き込んだビジネス実験をする必要がある。企業内で閉じた実験ではなく、何らかの仮説をもとに、顧客に対してアクションを起こし、そのレスポンス情報を蓄積しながら修正を加えるといった形で、反復的に顧客からのデータを収集するのである。そしてそれらのデータを活用して顧客の支払意思額を高めるようなアウトプットを生み出すが、ここでも顧客の役割が増していくだろう。

先進的な企業のなかには、顧客が自分の欲しい自動車の仕様を決定したり、自分の望む金融商品を自分で組み立てることができるプラットフォームを提供するなど、顧客を商品開発段階にまで関与させるところも出始めている。そこでの生産者の役割は、顧客の支払意思額を高めるサポート役と言える。いずれにせよ、労働生産性が生産者のなかだけで閉じた概念だったのに対して、知識生産性は生産者と消費者の協働活動であり、協働活動を通じて結果として生産者余剰を高めていく試みが本格化していくのである。

デジタル資本主義の多様性とその未来

デジタルは資本主義を進化させ、これまでの産業資本主義とは異なる、デジタル資本主義とでも呼べるシステムを生み出しているが、それと同時に資本主義のその先の社会構成体も生み出そうとしている。そこでは貨幣の蓄積を目的とする活動ではなく、純粋贈与的な交換がデジタル・コモンズとでも呼べるプラットフォーム上で行われる。シェアリング・エコノミーと呼ばれるサービスの多くは、資本主義経済と贈与経済のハイブリッド型で、我々はそこに資本主義のその先の領域を垣間見ることができる。

デジタル資本主義が今後どのような姿をとるのかは、資本主義のその先の世界がどれだけ生み出されるのか、また人間がデジタルをどう活用していくのかという価値観や文化、さらに国ごとの政治経済体制などによってさまざまなバリエーションが生まれるだろう。

そのことはロボットやＡＩの浸透に対する受け止め方が国によって異なるということからも予想される。日・米・ドイツといった先進国だけを見ても、数年後、それぞれ異なるデジタル社会が出現しているかもしれないのだ。またデジタル技術を人間の代替のために用いるのか、人間を補完するために用いるのか、という技術文化の違いも大きな影響をもたらすだろう。技術は中立である。そしてその技術を使ってどのような社会を作っていくかはやはり人間次第であって、それを考えるにはまず、デジタル化で何が変わったのかを観察するところから始めなければならない。

本書の最大の特徴は、デジタルを技術面からではなく経済、社会、歴史の側面から分析し、デジタル資本主義の登場とそのゆくえについて論じている点である。本書は大きく3部構成となっている。まずＰＡＲＴⅠ「資本主義に何が起こっているのか」(第1章、第2章)では、足下で起こっている世界経済や資本主義の「異変」について分析し、資本主義が歴史的に見て新たな段階に移行しつつあることを示している。

PARTⅡ「デジタル資本主義の登場」（第3章～第7章）では、デジタル資本主義がこれまでの商業資本主義、産業資本主義と何が共通して何が違うのかについて、さまざまな切り口から論じている。具体的には、高まる消費者余剰の存在感（第3章）、シェアリング・エコノミーの台頭（第4章）、「見えざる目」と「見えざる頭脳」の登場（第5章）、デジタル・プラットフォームという公共財・準公共財の拡大（第6章）などを論じている。さらに第7章では、企業がデジタル資本主義下でどうやって顧客の支払意思額を高め、生産者余剰を増やすべきかについて述べている。PARTⅡを通じて、現在生み出されつつあるデジタル資本主義が、利潤の追求と蓄積という資本主義の本質を維持しながらも、これまでの経済システムを大きく変えようとしていることが示されている。

PARTⅢ「デジタル資本主義の多様性とその未来」（第8章～第10章）では、デジタル資本主義の姿が1つではなく多様性があること、そして多様性のカギを握る2つの視点を提示している。1つ目は進化論的な視点で、デジタルが資本主義の進化だけでなく、その先の社会をも生み出そうとしていることを論じている（第8章）。2つ目は生態論的な視点で、デジタル技術に対する価値観や文化、受容性の違いが国や地域によって異なることを示している（第9章）。そして最後に、第10章ではこれら2つの視点をもとにデジタル資本主義の3つのシナリオを描いている。

PART I

資本主義に何が起こっているのか

第1章

「停滞」する世界経済

戦後から低下傾向にある世界の成長率

２０１７年７月、ＩＭＦ（国際通貨基金）は世界経済の成長見通しを発表した。それによると２０１７年の世界全体の経済成長率は３・５％、さらに２０１８年には３・６％と２０１６年の３・２％に対して手堅く回復するだろうとしている。ただし先進国の経済成長見通しは２０１７年が２・０％、２０１８年は１・９％とほぼ横ばいで、手堅い回復を下支えするのは新興国、発展途上国だとしている。

我々はついに世界金融危機後の長いトンネルを抜け出すことができるのだろうか。あるい

図表1-1　世界主要国における戦後のGDP成長率推移

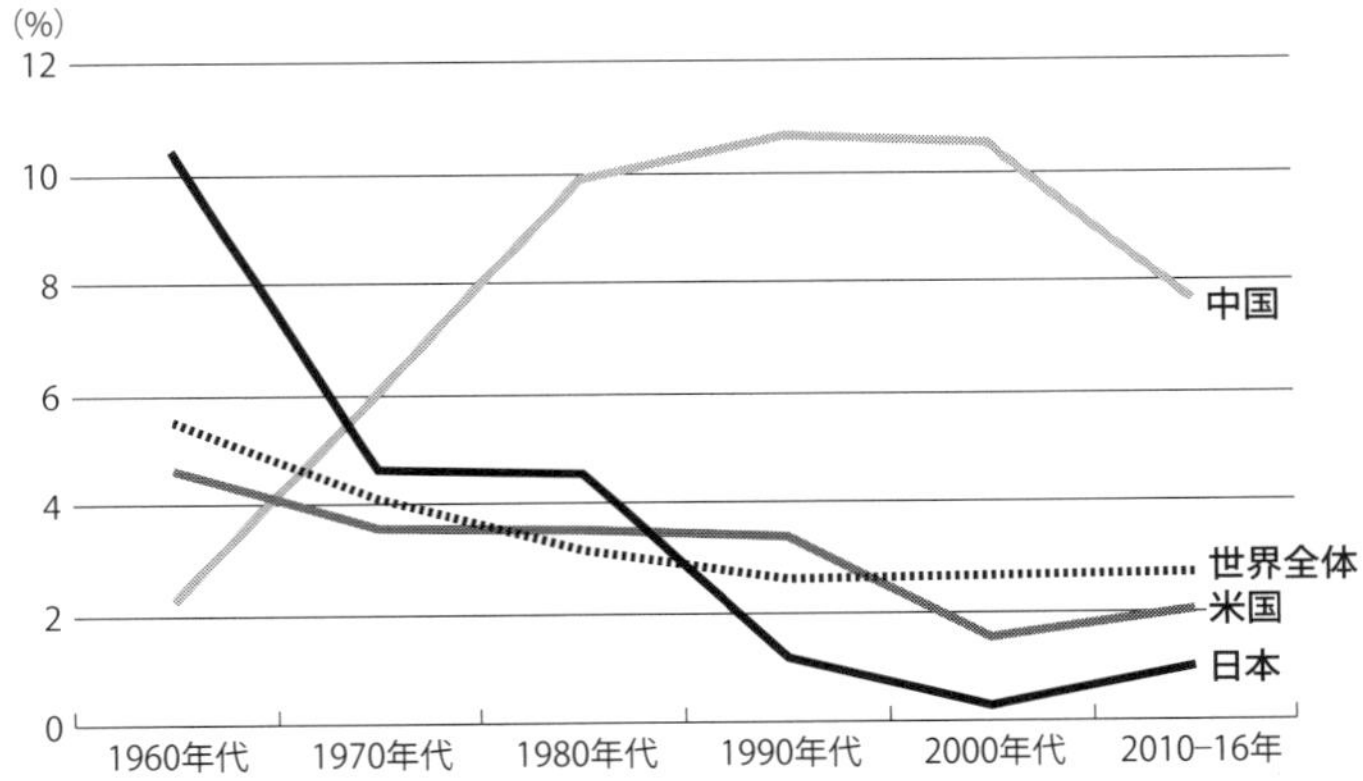

（出所）世界銀行よりNRI作成、幾何平均

は出口はまだ先にあるのだろうか。その結論を出す前にもう少し長いスパンでの経済状況を概観してみよう。

図表1-1は1960年代から現在に至る世界全体、日本、米国、中国の経済成長率の推移を示している。ここからわかるように、世界全体、そして米国、日本は戦後一貫して経済成長率が低下傾向にあり、新興国の代表である中国も2010年代には経済成長率が下がるなど、停滞は長期的なトレンドかのように見える。

GDP成長率を「人口」と「1人当たり」に分解

ここで、世界的な人口増加率の低下がGDP成長率の低下にも現れているという見方はないのだろうか。つまり付加価値を生み出すべき人間の数が増えるペースが徐々に低下しているのだから、経済成長率も必然的に低下しているのだという考え方である。そこでGDP成長率をもう少し詳しく分析してみよう。GDP成長率は(1)式のように分解することができる（GDP＝人口×1人当たりGDPであるが、両辺の自然対数をとり、時間tで微分すると、(1)式が導出される）。

GDP成長率＝人口成長率＋1人当たりGDP成長率　　(1)

図表1-2で世界全体のGDP成長率を人口成長率と1人当たりGDP成長率に分解した。1960年代の世界全体の年平均GDP成長率は5・5％（図表1-1）であったが、図表1-2からわかるようにそのうち1・9％は人口の成長、残り3・6％が1人当たりGDPの成長である。世界全体の人口成長率は戦後徐々に低下し、2010-16年では年率1・2％となった。他方、1人当たりGDPの成長率も低下傾向にあり、実は1980年代にはすでに年率1・4％台にまで落ち込んでいることがわかる。その後1990年代には年率1・1％まで成長率は下がるが、2000年代には1・4％とやや回復する。

つまり、世界のGDP成長率の落ち込みは、確かに人口増加率が鈍化してきたことで説明

図表1-2　世界全体のGDP成長率の分解（人口成長率＋1人当たりGDP成長率）

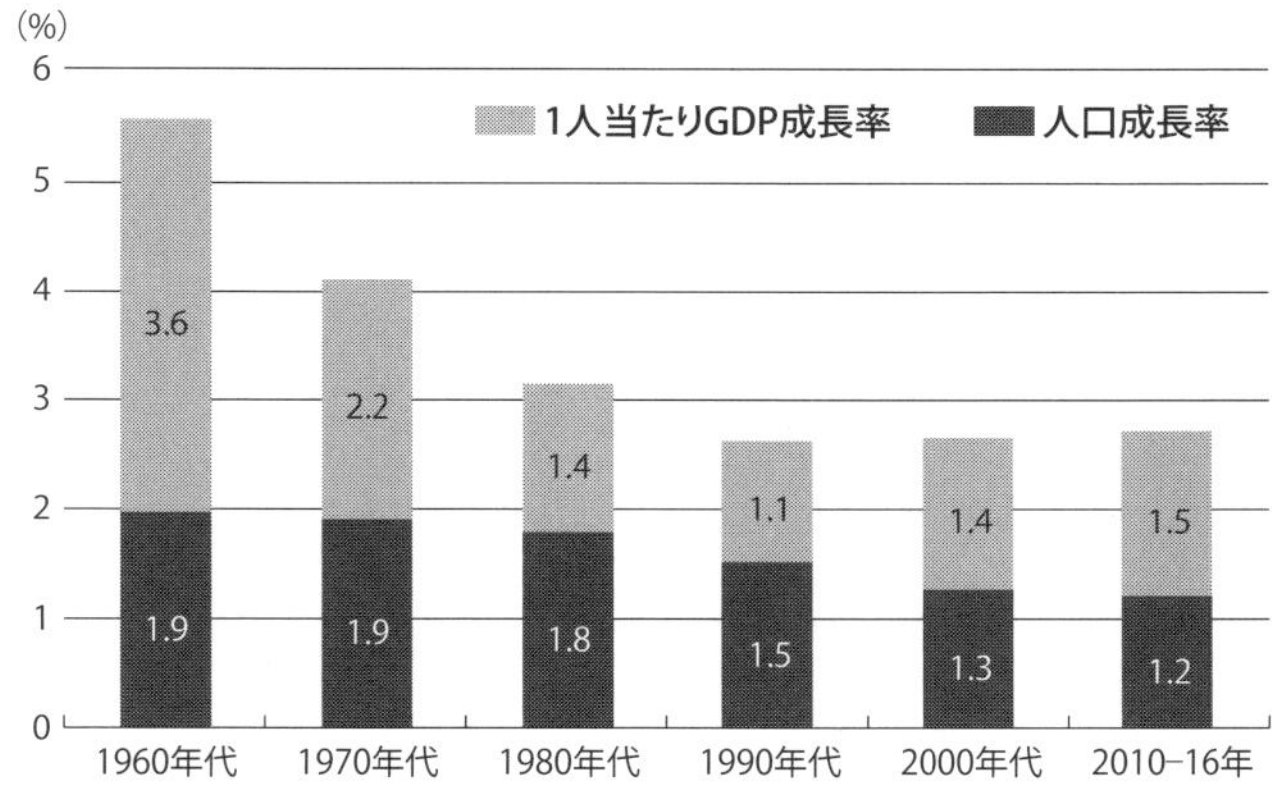

（出所）世界銀行よりNRI作成、幾何平均

できる部分もあるが、それ以上に1人当たりGDPの成長率、すなわち平均所得の成長率が大幅に鈍化していることの方が主因だと言えるだろう。

低迷する労働生産性

1人当たりGDPの成長率が1980年代からすでに低迷していることを見たが、労働生産性はどうなっているのだろうか。図表1-3を見るとわかるように、日本およびG7全体では1990年代から2000年代、2010-15年とその数値は低下している。米国と中国は2000年代にいったん労働生産性の成長率が高まるが、2010-15年に大きく低下している。同時期にG7全体の労働生産性は年平均で

図表1-3　労働生産性の成長率推移（年平均）

（%）

	1990年代	2000年代	2010-15年
日本	2.2	0.9	0.9
米国	1.7	2.0	0.4
中国	9.5	9.9	7.5
G7全体	2.0	1.4	0.7

（出所）OECDよりNRI作成（中国のみCAIC Data）、幾何平均

1%未満しか成長しておらず、ほぼ横ばいとなっている。

「経済成長のためには労働生産性を上げる必要がある」というコメントを聞いたことがある人も多いかと思うが、実際のところ両者の関係はどうなっているのだろうか。労働生産性を上げれば経済成長率は必ず上昇するのだろうか。

労働生産性の定義およびGDPとの関係は(2)式、(3)式のように表すことができる（労働生産性は就業者1人が1時間で生み出せる付加価値額を意味し、(2)式で表される。(1)式の説明と同様に両辺の自然対数をとり、時間tで微分しこれを展開すると、(3)式が導かれる）。

労働生産性＝GDP／(就業者数×年間総労働時間)　(2)

GDP成長率＝労働生産性成長率＋就業者数増加率
＋年間総労働時間増加率　(3)

(2)式は労働生産性の定義である。(3)式はそれを数学的に展開し

たもので等式が必ず成り立つ。[1] (3)式を見ればわかるように、第1項の労働生産性が上昇すればGDP成長率は高まる。しかし労働生産性がどのようにして高まったかが重要になる。(2)式で言えば、もし労働生産性の上昇が、GDP（分子）の増加ではなく労働時間（分母）の削減のみによって達成されているとしたら、言うまでもないがGDPは増えていないのでGDP成長率は変化しない。(3)式で言えば第1項の労働生産性がX%上昇しても、第3項の年間総労働時間増加率がX%低下するため、プラスマイナスゼロになるのである。

何が言いたいかといえば、GDP成長率とはあくまで付加価値が増えることでのみ増加させることができる指標なのである。付加価値の増加を伴わない労働生産性の改善ではGDP成長率を高めることはできないことに留意する必要がある。

サマーズの「長期停滞論」

元米国財務長官のローレンス・サマーズは、2013年11月8日のIMF経済フォーラムにおいて、リーマンショック後の世界経済を表現する言葉として「長期停滞[2]」を用いた。さらに2016年3月／4月号の『フォーリン・アフェアーズ』誌において「長期停滞の時代（The Age of Secular Stagnation）」という記事を寄稿して、その考えを説明している。

世界を襲った金融危機は、2009年の世界全体のGDPをマイナス1・7%縮小させた。翌年の2010年は反動で4・3%成長をしたが、その後世界全体の経済成長率は低迷し、2012年以降、経済成長率が3%を上回ることはなくなってしまった。図表1-4にはリーマンショックのあった2008年を基準にその前後8年のGDP成長率を比較しているが、先進国も新興国もリーマンショック後に経済のギアが一段階低くなってしまったかのように見える。

米国や欧州、日本の中央銀行は経済を刺激するためにゼロ金利あるいはマイナス金利を導入しているが、これらの国・地域ではインフレ率が2%を下回る状況が長期間続いている。さらにGDPに占める政府債務の比率が急上昇しているにもかかわらず、長期金利は低水準を維持し続けている。つまり市場は低インフレと低金利が長期間続くと予想していることになる。サマーズはこのような経済状況から、「米国の景気回復7年目(2016年)にして、『正常な』状態がすぐに戻ってくると市場は予想していない」と述べている。[3]

サマーズは金利水準に注目し、世界的な過剰貯蓄(言い換えれば過小投資)が起こっていると分析している。皆が投資をせずに貯蓄をしようとする、つまり資金需要が低ければ金利は低下し、逆に皆が投資をしたがる、つまり資金需要が旺盛にある場合に金利は上昇する。経済学では完全雇用下で投資と貯蓄のバランスがとれている金利水準を「自然利子率」あるい

図表1-4　リーマンショック前後のGDP成長率比較

（%）

	2000-08年（リーマンショック前）	2008-16年（リーマンショック後）
日本	1.0	0.6
米国	2.1	1.5
中国	10.7	8.3
世界全体	3.2	2.3

（出所）世界銀行よりNRI作成

は「中立利子率」と呼ぶが、サマーズは、経済の自然利子率が大幅に低下してしまい(4)、中央銀行の伝統的な金融政策ではその利子率を達成することができなくなったと考えている。その結果、貯蓄が投資を上回る過剰貯蓄の状態が続いてしまい、長期停滞を引き起こしているのである。

　ではなぜ投資と貯蓄をバランスさせる自然利子率の水準が低くなったのか。言い換えれば、なぜ人々は以前よりも貯蓄に励み投資をしなくなってしまったのか。サマーズは貯蓄の増加理由として、格差の拡大や退職後の人生の期間が長くなり不確実性が高まってきたことに対する備え、また以前と比べて住宅ローンなどの借入が厳しくなってきたことなどを挙げている。さらに投資の減少理由については、労働人口の成長率が鈍化していること、安価な資本財（機械や設備等）が増えてきたこと、また与信、特に貸付が以前と比べて厳しくなっていることなどに加えて、デジタル経済が投資抑制的であることを「最も重要な要因」として指摘している。

デジタル経済を牽引しているアップルやグーグルのような企業は莫大な金額のキャッシュを貯め込んでおり、株主への還元圧力が非常に高くなっている。またシェアリング・エコノミーの代表格とも言えるエアビーアンドビーのビジネスモデルは何かと言えば、既存の家屋の稼働率を高めるということで、新規のホテル建設投資は抑制されてしまう傾向にある。またデータセンターやサーバー設備を自前で整備するよりも、外部のサービスを利用する方が合理的と判断する企業も増えている。つまり投資抑制的なデジタル技術が今後も進展していくのであれば、過剰貯蓄は容易には解消されない可能性がある。

長期停滞に関する大論争

長引く景気低迷と弱い回復力の原因をめぐっては著名な経済学者が論争を繰り広げているので、ここではその代表的なものを紹介しよう。大きくは3つに分類することができる。1つ目は「経済構造の変化が問題を生み出している」とする説で、サマーズの過剰貯蓄説もそのなかの1つと言える。サマーズ以外で経済構造に原因を見出している例としてはケネス・ロゴフの「過剰債務説」がある。過剰債務説によれば、長期停滞の原因は世界金融危機後に各経済部門が過度に債務を積み上げていったこと（高レバレッジ化）と、その解消（デレバレッジ）に時間がかかっていることだとしている。債務を積み上げていくのはさほど時間がかからないが、債務を解消するには時間がかかるという非対称性がある。そして債務解消の過程では、支出を減らしたり、新規投資を諦めて余剰資金を債務返済に充てるなど、どちらかといえば需要を縮小させる方向に経済が向かうことからマクロ経済の停滞につながるという考え方である。

2つ目のカテゴリーは「イノベーション停滞説」である。インターネットをはじめとした現在のデジタル革命全般の経済に対するインパクトが、自動車や航空機などの20世紀のイノベーションと比較すると、実は非常に小さいと考える立場である。

イノベーション停滞論者の代表格はノースウェスタン大学のロバート・ゴードンである。ゴードンは2013年2月のTEDトーク[5]にて、「イノベーションの死、成長の終焉」という題名の講演を行った。ゴードンは米国経済が直面している課題として、人口動態、教育、負債、所得格差を挙げ、これら4つが米国の経済成長力を半減させているので、それを補うためには強力なイノベーションが必要であること、しかし20世紀の偉大な発明に匹敵するイノベーションを生み出すのはもはや至難の業だと述べている。19世紀の幌馬車は音速の1％のスピードで動いていたが、20世紀に発明されたボーイング707は音速の80％を実現し、その後はほとんど変化がないこと、また内燃機関と自動車の発明は、20世紀のたった30年間で米国の自動車世帯保有率を０％から１００％近くまで引き上げたことを例に挙げ、電気や航空機、自動車、各種家電製品に匹敵するようなイノベーションを起こすのは非常に難しいとしている。そして強力なイノベーションが生まれなければ、米国経済は前述した４つの課題に押し潰され、経済成長率はやがて０・２％程度にまで低下する、つまり18世紀の産業革命前の水準にまで低下するだろうと主張している。

イノベーション停滞論者のもう１人の代表格が、ジョージ・メイソン大学のタイラー・コーエンである。コーエンの指摘は２つに集約される。第１に、現代の我々にとって「容易に収穫できる果実が減少」していることを指摘している。ここでの果実とは経済成長の源泉を意味している。たとえば20世紀には未開拓の土地がまだ世界中に多く存在していたし、未教育の子供たちもたくさんいた。つまり耕作地として容易に活用できる土地や、教育水準を高められる余地といった「容易に収穫できる果実」がまだ豊富に存在していたが、21世紀になると、これらの容易に収穫できる果実はかなり減ってきたという主張である。イノベーションについては、ゴードン同様に、「物質的な面に限ると、私たちの暮らしは１９５３年以降たいして変わっていない、自動車も、冷蔵庫も、電気照明も当時すでにあった(6)」として、現在のイノベーションが20世紀に実現したイノベーションと比較すればはるかに小さいと評価している。

コーエンの第2の指摘は、近年のイノベーションが「公共財」から「私的財」化しているというものである。これは何を意味しているかといえば、大多数の人間がイノベーションの成果を享受するのではなく、少数の人間がその成果を享受するようなものに変質してきた、つまり私的財化してきたということで、近年の金融イノベーションなどを私的財化の例として挙げている。

停滞論の3つ目のカテゴリーは「早すぎる技術革新に人間が追いつけない」とする説である。この論者の代表格はMITのエリック・ブリニョルフソンとアンドリュー・マカフィーである。イノベーション停滞論者とは異なり、技術革新はむしろ指数関数的に進んでいるが、人間がその進化に追いついていけないのが停滞の原因だとしている。そしてその結果人間の労働力が機械に置き換えられてしまうということで、ブリニョルフソンらは自らの考えを「雇用喪失説[7]」と呼んでいる。現在のAIの進化によって、ホワイトカラーも機械への置き換えの対象となっていることを指摘している。

詳しくはPARTⅡで述べるが、本書ではブリニョルフソンとサマーズを足し合わせたような見方をとっている。つまりデジタルに代表される技術革新は指数関数的に進んでいるが、経済システムがそれらに追いついていないこと、そしてそれがさまざまな経済指標に異常値として表れていて、そのなかのひとつがサマーズの指摘する過剰貯蓄、つまり自然利子率水準の異常な低下である。

日本は人口減でも1人当たりGDPは成長

ここまで世界の経済状況とその長期停滞の原因について議論してきたが、日本に目を転じてみよう。日本のGDP成長率を人口成長率と1人当たりGDP成長率に分解した結果を図表1-5に示した。日本は1960年代、年率10・4%でGDPが成長していたが、すでに人口成長率は年率1・2%と低く、1人当たりGDPが年率9・2%で成長していた。1960年代といえば当時の池田勇人首相による「国民所得倍増計画」の時代である。この計画ではGNP（国民総生産）[8]を1960年度から1970年度にかけて倍増することがうたわれていて、実際にそれは10年を待たずに達成されたのだが、1人当たりGDPについても、1960年代の間に10年を待たずに倍増した時代であった。

日本の人口成長率は1990年代からほぼゼロとなり、2010-16年ではマイナスに転じている。そのようななかでも日本のGDPがプラス成長しているのは、1人当たりGDPがそれを補う以上にプラス成長しているからである。裏返すと、今後日本の人口減少率がさらに拡大するとしたら、それを上回る分だけの1人当たりGDP成長率を達成しない限り、

図表1−5　日本のGDP成長率の分解（人口成長率＋1人当たりGDP成長率）

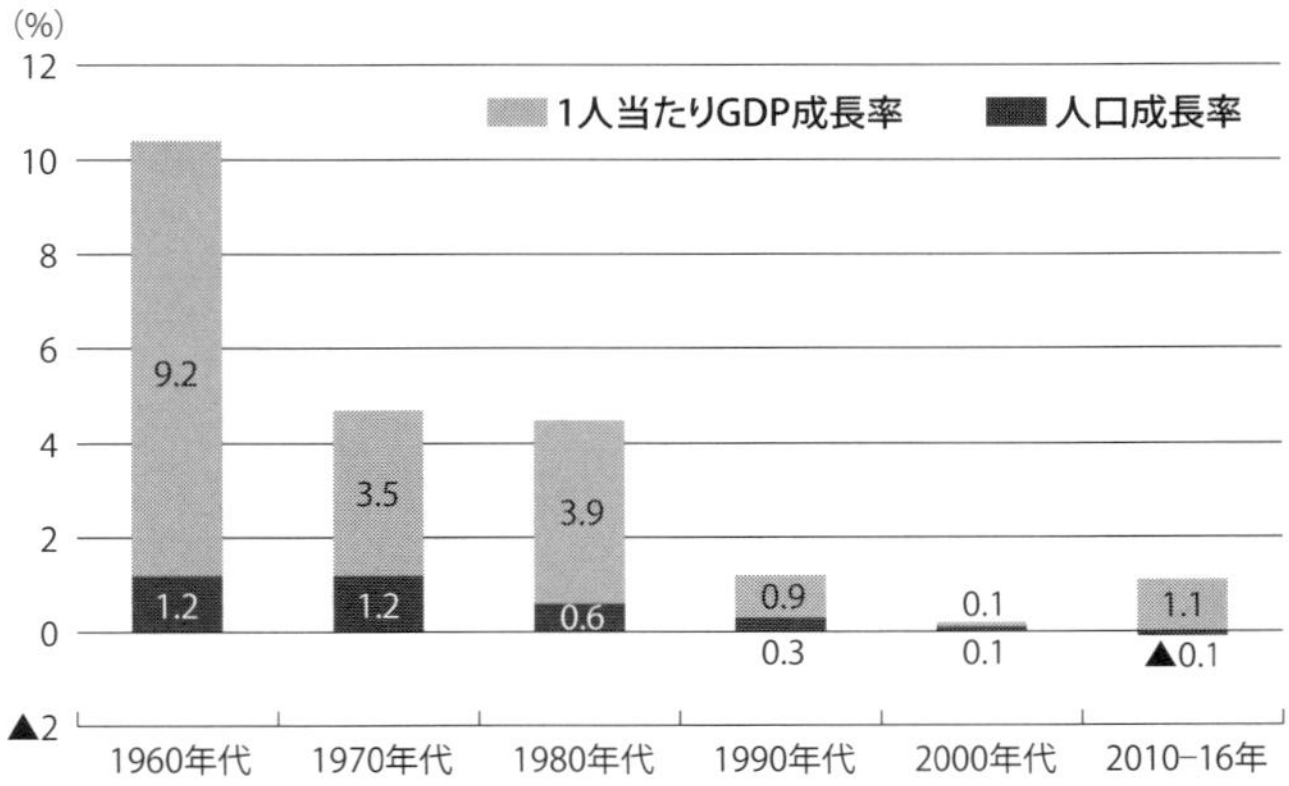

（出所）世界銀行よりNRI作成、幾何平均

日本のGDPはプラス成長できないことを意味している。

労働生産性と賃金のギャップが大きい日本

次に日本の労働生産性と賃金の関係を見てみよう。OECD（経済協力開発機構）は、メンバー国の労働生産性と賃金水準のデータを提供しているが、それによると日本はメンバー主要国の間で最も労働生産性と賃金水準の乖離が大きい国だということがわかる（図表1−6）。

フランスは労働生産性と賃金がほぼ等しく連動している。米国については、賃金は労働生産性ほど伸びてはいないが、その乖離は日本ほど大きくない。むしろ米国は労働生産性自体がリーマンショック後にほぼ横ばいになってしまっ

図表1-6　日・米・独・仏における労働生産性と賃金水準の推移（1995年＝100）

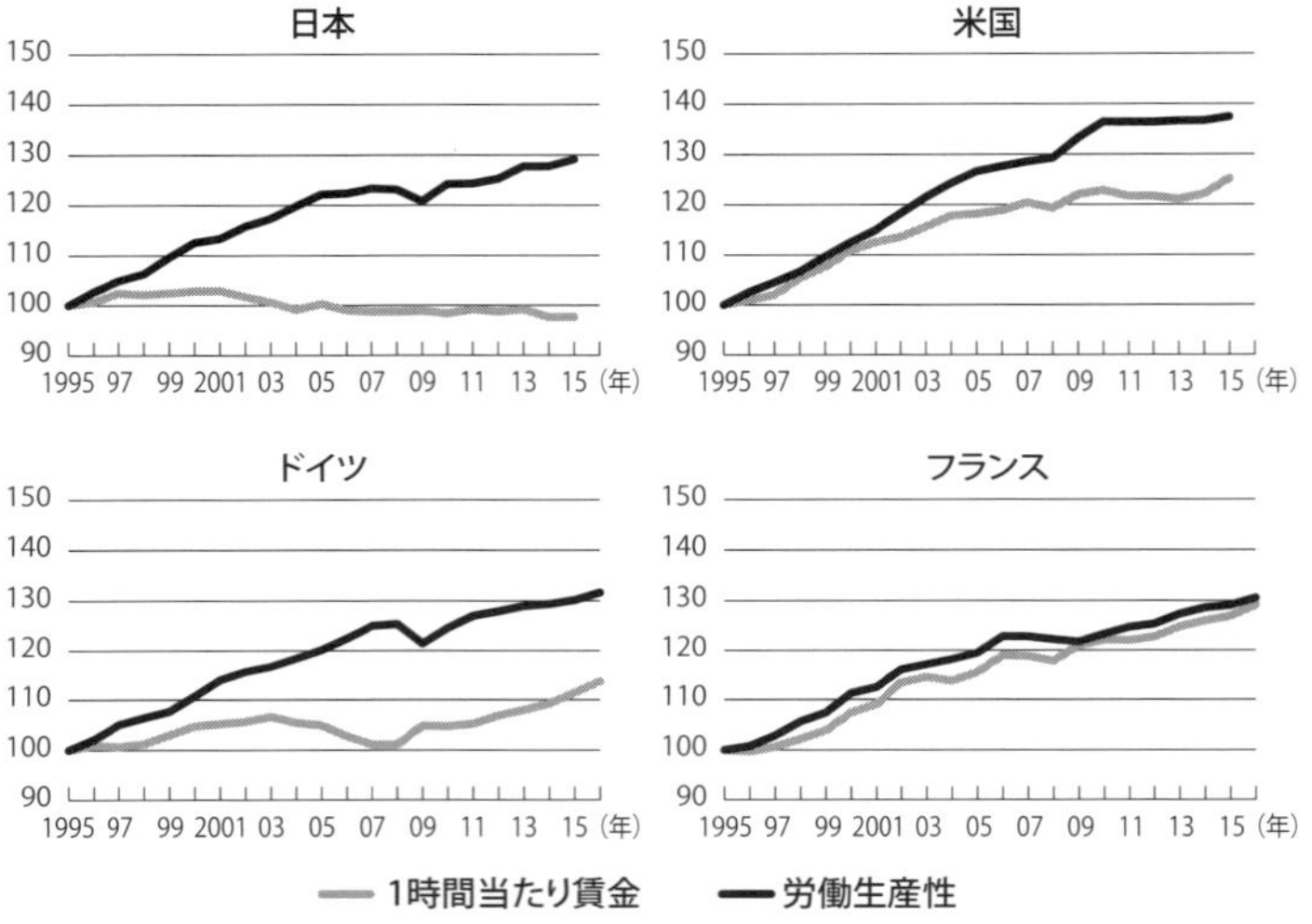

（注）1時間当たり賃金は消費者物価指数で実質化。労働生産性はGVA（粗付加価値額）をもとに計算しGVAデフレーターによって実質化。
（出所）OECD, "OECD Compendium of Productivity Indicators 2017" よりNRI作成

たことの方が大きな問題だと言える（図表１－３に示したように２０１０年代の米国の労働生産性の伸び率は０・４％と日本（０・９％）の半分以下の水準である）。ドイツは日本と似たような傾向があり両者の乖離が大きいが、それでも２００９年以降は賃金も労働生産性と同様に上昇している。

日本はこの４カ国のなかでは特異なパターンを示している。日本は１９９８年、１９９９年、あるいは２００８年、２００９年とＧＤＰのマイナス成長を経験しているが、それ以外の年についてはプラス成長している。また図表１－

3で示したように、日本の労働生産性は、変化率は高いとは言えないが2000年代および2010年代にはプラス成長しているのである。それにもかかわらず、賃金水準は一貫して低下している。

日本の賃金の伸び悩みの理由としては、非正規雇用の拡大や低賃金産業への雇用シフトといった要因に加えて、省力化・自動化投資への偏重といった指摘もされている。他方、昨今の人手不足を背景に、正社員の雇用が積極化し、パートタイマー比率もついに減少傾向になったということで、賃金の押し上げ圧力は強まってきたとも言えるのだが、ロボット・AIの導入など省力化・自動化の選択肢がむしろ増えているなかでは、労働生産性と賃金の乖離が縮まらない、あるいはむしろ拡大する可能性もある。

大量の事務職を抱えていた金融機関がRPA（ロボティック・プロセス・オートメーション）を導入して事務職を解雇したとしよう。このとき労働生産性の分母である労働力は減り、分子のアウトプットが（24時間サービスを提供できるといった理由で）増えることで、その企業の「見かけ上の」労働生産性は大きく高まるだろう。しかし残った従業員の賃金がそれに見合って上昇するとは考えにくい。つまりデジタル化は労働生産性と賃金の乖離に一役買っている可能性が高いこと、また場合によってはそれをさらに促進する可能性もある。

利益と賃金・投資のギャップ

もう少し議論を広げてみよう。図表1-7に日本企業の当期純利益、配当金、従業員給与、実物投資額の推移を示した。日本企業の当期純利益と配当金はほぼ同じ動きをしているのに対して、従業員給与と実物投資は、2000年頃から当期純利益とほとんど連動しなくなっていることが容易にわかる。従業員給与は純利益や配当金のように数値が大きく変動する類のものではないが、前述したように労働生産性の伸び程度には上昇してもよいはずである。投資についても2000年くらいまでは当期純利益と同じような動きをしていたのに対して、2000年以降は純利益が増加しても実物投資はほぼ横ばい状態になってしまった。裏返せば、積極的な投資（支出）をしないことで純利益が高くなったと言える。

日本に関しては、ロゴフが主張するような過剰債務の解消過程をたどったのは1990年代である。この時代は債務の解消が第一で、投資は抑制され純利益も低水準のままであったが、2000年以降は解消過程も落ち着き、その後世界金融危機に妨げられたとはいえ、一貫して日本企業の当期純利益水準は増加傾向に転じているのである。[9] しかし利益が増加傾向に反転したにもかかわらず投資は伸び悩んでいるということは、サマーズが「過剰貯蓄説」

図表1−7　日本企業の当期純利益・配当金・従業員給与・実物投資の推移
（1980年度＝100）

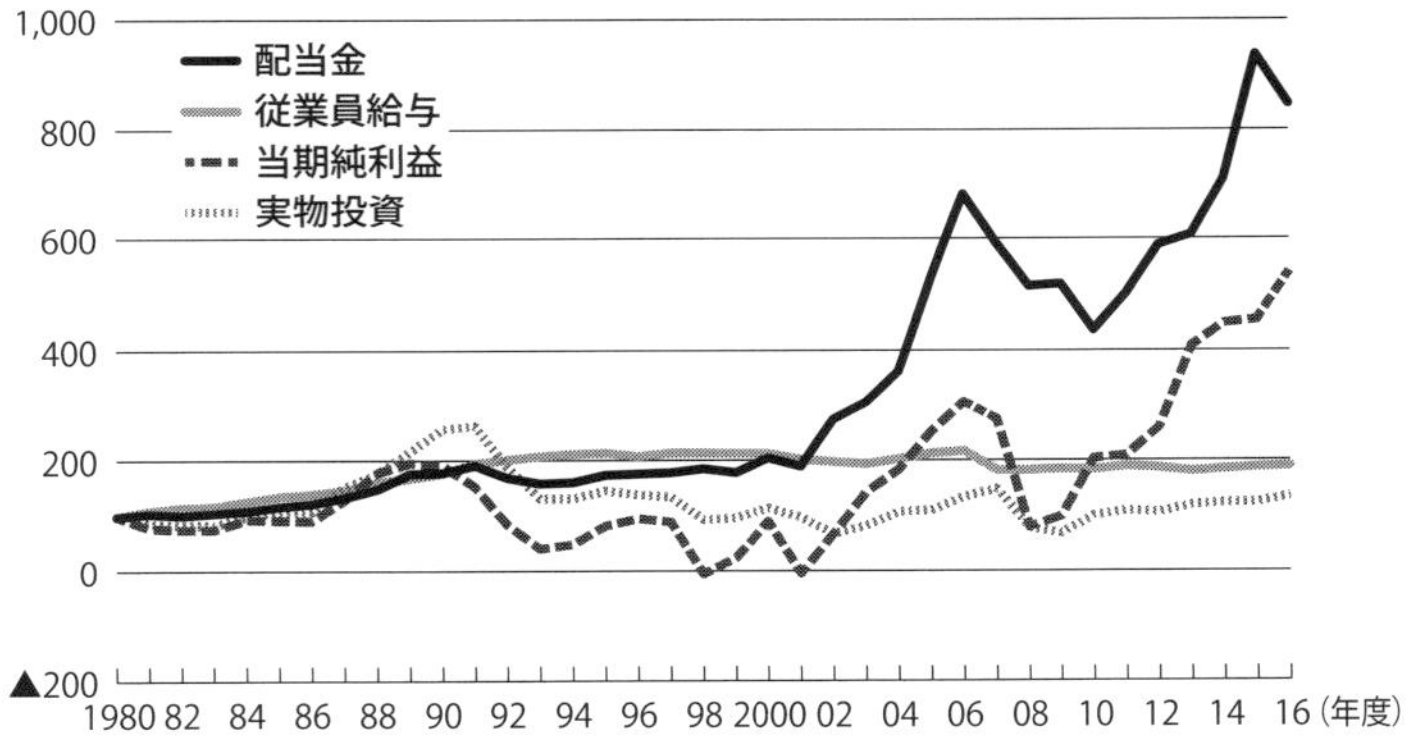

（注）金融・保険業を除く、全規模合計。
（出所）財務省「2016年度法人企業統計」よりNRI作成

で述べているように、投資抑制的なデジタル技術の進展が２０００年以降影響力を増している可能性がある。つまり、企業利益が投資に回らずどちらかといえば配当に回っているのは、株主重視経営が日本で浸透してきたからだという見方もできるが、それと同時に、かつての素材産業や機械産業などで行われてきた大規模設備投資をデジタル事業が必要としないこと、またＳａａＳ（ソフトウェア・アズ・ア・サービス）[10]活用のように、自前でデータセンターやソフトウェア投資をする必要すらなくなってきたことも、このギャップの背景にあると考えている。

生活レベル向上の実感

これまで見てきたように、日本は２０００年代の経済成長率が０・３％にまで落ち込んだ後、２０１０年代は人口が減少しているなかでも年平均１・０％で経済成長するなどやや回復の兆しが見えてきた。またさらなる経済成長に向けて労働生産性を高める取り組みも進められているが、労働生産性の高まりに対して賃金が連動せずむしろ低下傾向にあるなど乖離が大きくなっている。

このような状況のなか、ＮＲＩが3年に一度行っている「生活者1万人アンケート調査」からは違う姿も見えてくる。図表１-８に「世間一般からみた自分の生活レベルに対する意識」に関する回答結果を経年で表示した。これを見るとわかるように、２００６年以降自分自身を「上／中の上」もしくは「中の中」とみなす人の比率が高まっているのである。

平均賃金の水準が低下しているなかで、自分自身の生活レベルが向上したと感じるというのはあり得るのだろうか。この一見すると矛盾する現象はどう解釈したらよいのだろうか。

図表1-8　日本人の「世間一般からみた自分の生活レベルに対する意識」の推移

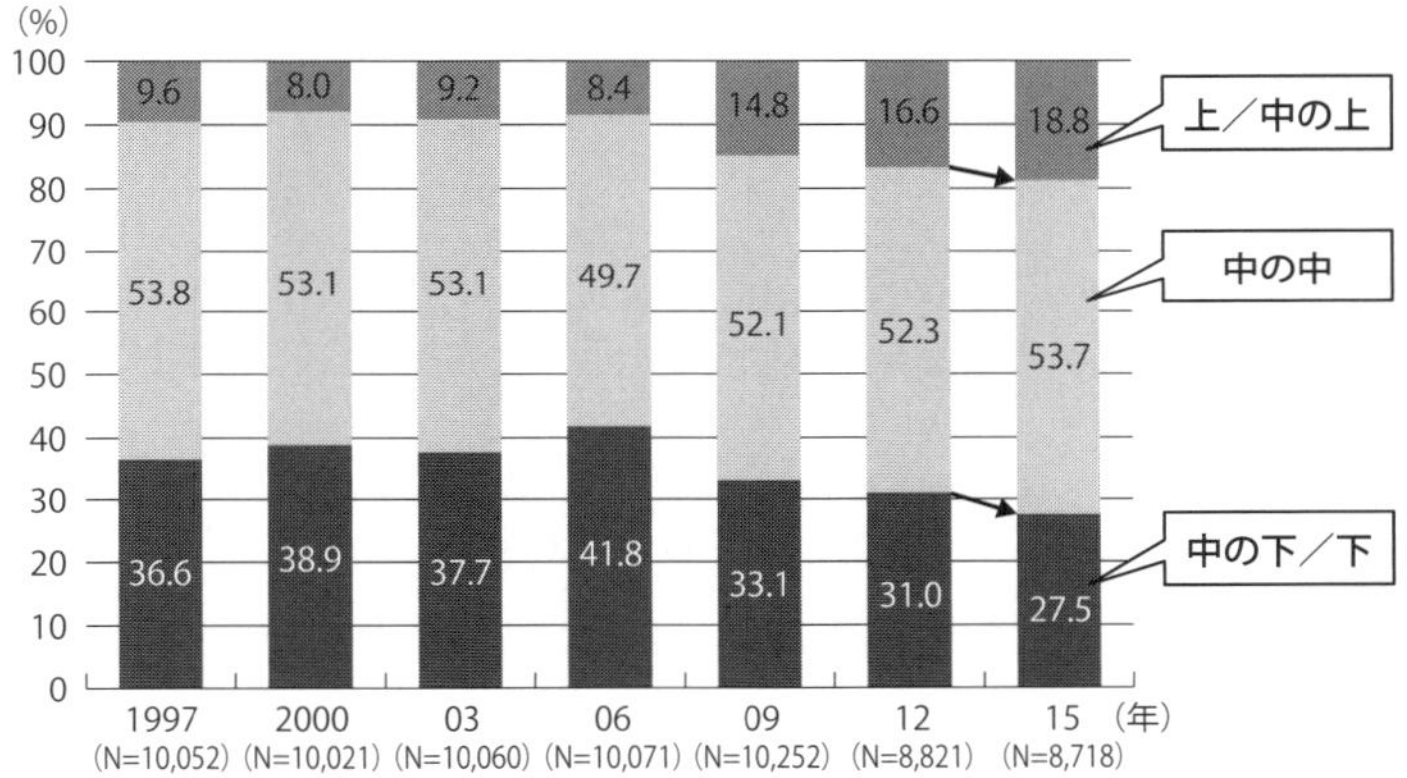

（注）選択肢は上、中の上、中の中、中の下、下の5段階として尋ねた。満15～69歳を対象に無回答を除外して集計。図表の結果数値（%）は四捨五入の関係で、内訳の合計が100%に一致しないことがある。
（出所）NRI「生活者1万人アンケート調査」（1997～2015年）

デジタルが引き起こしている「経済のピンボケ現象」

我々はデジタルがこの一見して矛盾した現象を説明するにあたって大きな役割を果たしていると考えている。より正確に言えば、デジタルがこれまでの資本主義の前提や経済のあり方を変化させ、従来の経済指標では捕捉できない質的な変化をもたらしているのである。

カメラでたとえるならば、レンズを通じて今まではっきりと見えていた資本主義経済がピンボケし始めているようなイメージである。これまではGDPや労働生産性などの指標にしっかりとピントを合わせることができ、それらを通じて経済の好不調を明瞭に理解することができた。しかしデジタルという要素が資本主義に影響を及ぼすにつれて、ＧＤＰや労働生産性といった従来の経済指標がぼやけて見えるようになってきたのである。あるいは本章で紹介したような労働生産性と賃金のギャップや、企業利益と投資が連動しなくなっている現象、さらに賃金は低迷しているのに主観的な生活レベルは向上しているという、これまでの経済の常識では説明できないような現象もピンボケの一種だと言えよう。その意味で日本はデジタルによって引き起こされた経済のピンボケの度合いが世界のなかで最も進んでいる国と言えるのかもしれない。

そうだとすれば、ＧＤＰ成長率や労働生産性の変動要因を探るよりも、何がピンボケの原因なのか、どうすれば再び経済現象に対してピントを合わせられるのかを考える方がより本質的だと言えよう。ＰＡＲＴⅡではデジタルによって引き起こされる経済のピンボケ現象を新たな資本主義システムの登場として描いているが、そのなかのひとつを紹介したいと思う。カメラがメインの被写体ではなく背景の何かにピントをあててしまい、写真がピンボケしてしまうことがある。つまり背景の存在感が高まってしまったのだが、これと同様のことが経済でも起こっていると我々は考えている。ＧＤＰがメインの被写体だとすると、これまではＧＤＰにしっかり焦点が合っていたのに対して、ぼやけた存在だった「消費者余剰」という背景の存在感がデジタルによって増してしまい、ピンボケが起こってしまったのである。カメラであれば広角レンズにつけかえることでピンボケを解消することになるが、文字通り我々自身も広い視点に立ち、全体像を把握することで進化した資本主義に再びピントを合わせる必要があると考えている。

第2章

資本主義 対 民主主義？

資本主義の定義

デジタル化の議論に入る前に、本書で用いる資本主義の定義を明確にしておこう。そもそも資本主義の定義およびその段階論については定説があるわけではなく、有識者によって異なる定義や異なる段階説を唱えているが、ある程度のコンセンサスができているのでそれに従いたいと思う。まず本書では、資本主義を「差異の発見・活用・創出を通じて利潤を獲得し資本（貨幣）の永続的な蓄積を追求するシステム」と定義する。(1)

第1段階：商業資本主義

資本主義の第1段階は「商業資本主義」である。商業資本主義は遠隔貿易を行う商人をイメージすればわかりやすい。英国の東インド会社は、インドでコショウを安価に購入し、欧州では金銀と同じくらいの価格で販売することで利潤を得た。すなわち、価値体系の差異を見つけてそこから利潤を獲得するという活動である。また商業資本主義と並んで古くから存在しているのが「金貸し資本」であり、これは貨幣に対する価値体系の差異から利潤を獲得する活動と言える。資金の調達コスト以上の金利でお金を貸すことで、その差異が利潤となる。本書では、商業資本、金貸し資本という古くから存在していた原初的な資本主義の形態をあわせて「商業資本主義」と呼ぶ。商業資本主義の特徴を一言で言えば、すでに存在している差異を見つけてそこから利潤を得るシステムである。

第2段階：産業資本主義

資本主義の第2段階は「産業資本主義」である。18世紀に英国を先頭に起こった産業革命を通じて生まれたシステムである。産業革命前から起こったいわゆる「囲い込み運動」によって、郊外の共有地は私有地に転換され、共有地から追い出された農民はまず郊外で家内制手工業に従事する。ミシェル・ボーはこの段階を商業資本主義と産業資本主義の間の「マニュファクチュア資本主義」と呼んでいる。産業革命初期ではまだ蒸気機関が発明されておらず、織り機などは水力に頼ることが多かったので、工場は分散して郊外の川沿いなどに立地していたのである。その後、蒸気機関が発達し、運河などの輸送網も整備されることで都市部での大規模工場が発展していくことになる。

岩井克人は、産業資本主義と商業資本主義は本質的には同じであって、両者ともに価値体系の差異を活用することで動くシステムだと述べている。産業資本主義における差異とは、農村部と都市部の価値体系の差異であり、具体的には労働生産性と賃金率の差異である。産業革命によって労働生産性が上昇していたにもかかわらず、農村部から都市部に流れ込む余剰人口が賃金を押し下げることで、資本家は労働生産性と賃金の差異から利潤を得ていたという見方である。[2] 商業資本主義では、遠隔貿易のように外国と自国の間の価値体系の差異から利潤を生み出したが、産業資本主義では農村部と都市部の価値体系の差異から利潤を得たのである。

この解釈をもう少し拡大したい。産業資本主義では、労働力だけでなくコスト全般（賃金、原材料費、設備投資など）で差異を生み出すメカニズムがある。たとえば原材料を大量購入することで他社よりも安い単価で購入をする、あるいは大量生産によって習熟効果が発揮され、やはり単位当たり生産コストを他社より安くする、といった方法である。さらに産業資本主義においては、コスト面だけでなく、イノベーションを通じて他社とは異なる商品・サービスを生み出すことで差異を新たに創出するメカニズムも存在している。ヨーゼフ・シュンペーターは、「産業上の突然変異で経済構造に絶えず内部から革命が起き、古い構造が絶えず破壊され、新しい構造が絶えず生み出される。この『創造的破壊』のプロセスこそ資本主義の本質を示す事実[3]」だとして、資本主義の本質をイノベーションと捉えていた。そこで本書では、インプット（コスト面）およびアウトプットで差異を活用・創出し、そこから利潤を蓄積していくメカニズムを産業資本主義と定義する。

第3段階：デジタル資本主義

現在進行中のデジタル革命が資本主義の第3段階を生み出しているのかどうかについては有識者の間でコンセンサスがない。資本主義は終焉を迎えつつある、つまり資本主義の第3段階などないという識者[4]から、産業資本主義の高度化が進んでいるという識者、そしてこれまでとは違うタイプの資本主義が生まれている、という識者まで幅広い。

まず資本主義終焉論であるが、利潤獲得機会は「差異」と「希少性」が残っている限りなくなることはないし、この2つがデジタルによって消えることはない。むしろデジタル技術の進展によって、これまで発見できなかった差異を発見したり、新たに生み出すことができるようになっている。他方希少性であるが、確かに音楽や映画のデジタルコンテンツのように、限界費用がゼロで複製できる、つまり潤沢な領域が登場しつつあるが、すべての領域で完全に希少性がなくなるわけではない。第5章で議論するように、「時間」「こだわり」「信頼」のようにコピーできず希少なものは残り続ける。そして希少なものと差異がある限り、それは交換価値を持ち、異なる価値体系を持った主体の間で取引が行われ、その過程で資本の蓄積が進むのである。

現在起こっている経済成長率の長期的な低迷や、さまざまな社会的課題の噴出は、資本主義終焉のサインではなく、むしろ資本主義が変化をしているなかで社会構造がそれに追いつけずに摩擦が生じていると解釈すべきである。ただし、そう考えたとしても、依然として資本主義の見方には2つの可能性がある。1つは産業資本主義の高度化が進んでいると考えるスタンスで、現在はまだ産業資本主義の進化の途上だという見方である。2つ目は資本主義自体が別の段階（第3段階）に突入したというスタンスである。

世界経済フォーラムの創設者であるクラウス・シュワブは、現在のデジタル革命を「第四次産業革命」と呼んでいる。またドイツ政府も「インダストリー4・0」を推進するとしているが、言葉が示しているように、これらの人々はデジタル化の進展によって産業資本主義が高度化すると考えている、あるいはそう望んでいることを暗示している。

それに対してピーター・ドラッカーは、「知識社会」という呼び名のもと、経済成長の源泉が知識に移行したと述べ[5]、岩井は、「ポスト産業資本主義」あるいは「インターネット資本主義」という呼称を使い、インターネット黎明期の資本主義は情報の差異から価値を生み出しているという点で、むしろ資本主義の原初的な形態である商業資本主義の特徴を備えていると指摘している[6]。

本書ではドラッカー、岩井と同様に資本主義が第3の形態に移行したというスタンスをとる。その最大の理由は、岩井が指摘しているように、20世紀末のインターネットの登場が、商業資本主義の再来かのような先祖返りの様相を呈しているからである。日本の思想家である柄谷行人は、産業資本がその形態において頂点を極めると、むしろ原初の商業資本と金貸し資本の蓄積形態をとること、つまり産業資本のように技術革新によって差異を生み出すよりも、現にある差異から剰余価値を得る方に向かう、と指摘しているが[7]、インターネット空間においてまさにその動きが見られると考えている。

本書では、資本主義の第3段階を「デジタル資本主義」と呼ぶ。デジタル資本主義とは「デジタル技術を活用して差異を発見・活用・創出し、利潤を獲得することで資本の永続的な蓄積を追求するシステム」である。デジタル資本主義は、デジタル化された情報が価値創造の源泉という意味では、商業資本主義、産業資本主義とは異なる形態だが、同時にこれまでの両方の特徴を備えているとも言える。前述のように、インターネット初期においては、商業資本主義的な側面が強かったのに対して、デジタル技術の指数関数的な発展に伴い、クラウドサービスやSaaS（ソフトウェア・アズ・ア・サービス）、また自動化システムなどの導入によってコスト面での効率化が進められてきた。さらに近年ではマス・カスタマイゼーションのように、これまでは不可能だった差異の創出メカニズムが、デジタル技術の急速な進展に伴って提供できるようになったという点では産業資本主義的な要素も備えているのである。

民主主義の逆襲？

2016年は資本主義の歴史のなかで大きな意味を持つ年になった。米国トランプ政権の登場や英国のブレグジット（国民投票によるEUからの離脱決定）は、資本主義と民主主義の関係性についてスポットライトをあてたのである。移民の制限や保護主義的な姿勢を強く打ち出したトランプ候補が選挙に勝ち、「人・モノ・資本」の自由な域内移動を掲げてきたEUから英国が離脱することが「民意」によって決まった。言い換えれば、これまでの資本主義メカニズムで重要な役割を果たしてきたグローバリゼーションが民主主義的な手続きを経て否定されたとも言える。

エマニュエル・トッドは「トランプ政権の登場は米国の民主主義の逆襲である(8)」と述べているが、英米で見られた民主主義の逆襲がどういう結果をもたらすかは定かではない。フリードリヒ・ハイエクはかつて「民主的な手続きを経て付与される限り、その権力は専制にはなり得ないと考えてよい根拠はどこにもない。もしも民主主義が、既定のルールに依らない権力の行使に手を染めようと決意したら、それは必ず専制となる(9)」と警告しているように、民主主義は自ら自由を制限してしまうこともあり得るのである。

資本主義と民主主義の相性

日本のように資本主義と民主主義がセットで存在している国に住んでいると、両者は分かちがたく蜜月の関係にあるものと考えがちである。また1991年の旧ソ連の解体によって、世界の国の大半は両方を導入するようになったという漠然としたイメージがあるかもしれない。しかし現在の日本や米国が採用しているような、いわゆる代表制民主主義の歴史は資本主義の歴史よりも圧倒的に短く、国ベースでみると過半数にも達していない。[10] ロバート・ダールによれば、男子普通選挙権もしくは完全な普通選挙権が認められている国の数は1860年でわずか1カ国（フランス）であって、その後ドイツ（1867年）、米国（1870年）、また日本（1925年）などが加わるが、その動きは「砂漠を横断している旅人の歩み」[11]のようなもので、1990年時点でも192カ国中65カ国つまり全世界の1／3程度だけがこの条件を満たしているという（図表2−1）。

このように代表制民主主義の歴史は短く、その条件を満たしている国の数も実は思っているほど多くはないのだが、20世紀の米ソ冷戦下においては民主主義国家のほとんどが資本主義陣営すなわち西側陣営の国々であった。つまり民主主義と資本主義は事実上一部の例外を除けばセットで共存し、両方を備えた西側陣営と呼ばれる国々は、そうでない国々よりも高い経済成長率を謳歌していたのである。MIT（マサチューセッツ工科大学）のダロン・アセモグルらの研究によると、民主主義化は長期的にその国の1人当たりGDPを平均で20％高めてきたという。[12] このように、これまでは資本主義と民主主義は切っても切れない蜜月関係にあると考えられていたのに、なぜここにきて緊張関係が前面に現れてきたのだろうか。

図表2-1　民主的な国の数の推移
（男子普通選挙権もしくは完全な普通選挙権が認められている国の数）

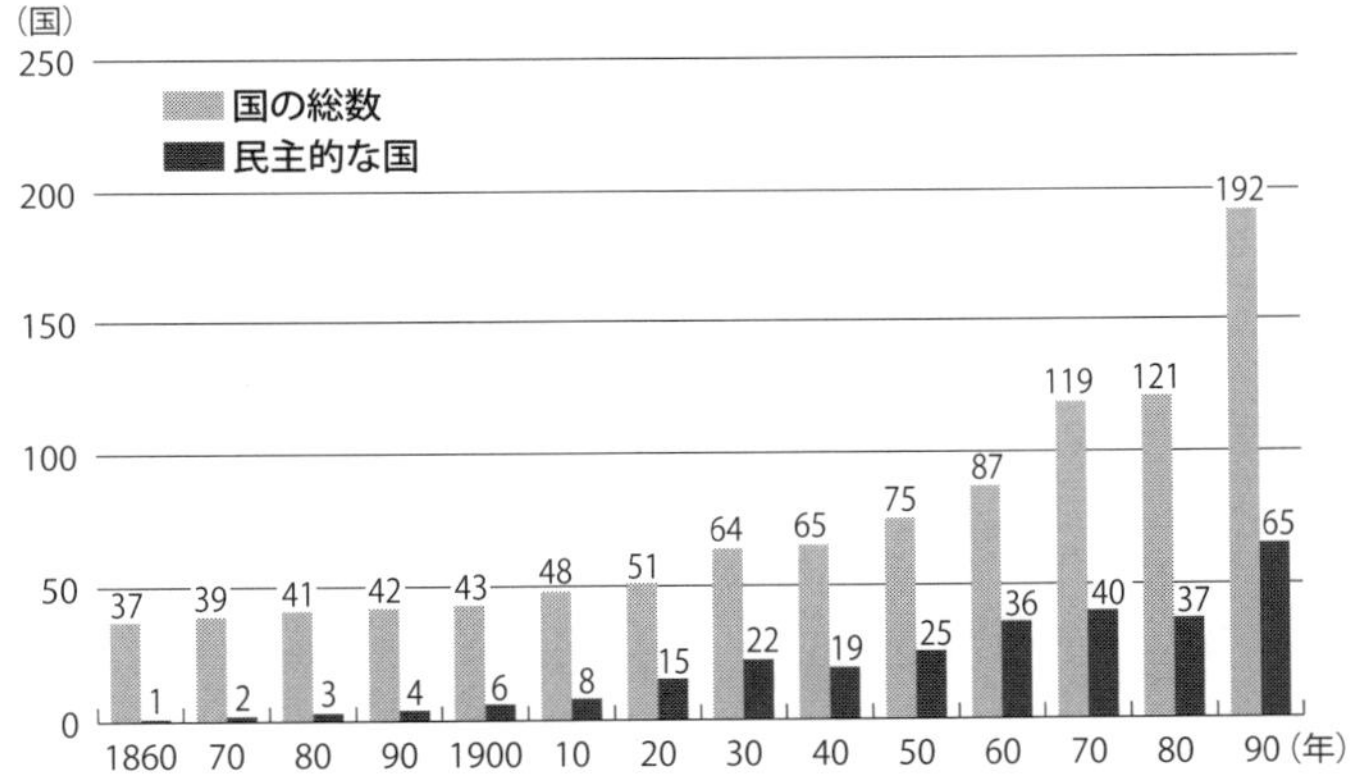

（出所）R・A・ダール『デモクラシーとは何か』（岩波書店、2001年）をもとにNRI作成

ダールは、民主主義と資本主義の関係は、喧嘩を繰り返しながらも結婚生活を続けている夫婦のようなもの[13]、と述べている。つまり両者は常に蜜月の関係にあるとは限らず、共通点もあれば相違点もある。ダールによれば、参加者の「自由」を尊重している点で、資本主義と民主主義は共通している。資本主義は各経済主体が自分の自由意志によって生産や消費、投資の意思決定を行う仕組みであり、その意味では各人が自分の意思表明をする民主主義と同じである。ハイエクも同じ見方をしていて、「資本主義が私有財産の自由な売買に基づく競争システムを意味するならば、民主主義が実現しうるのはこのシステムにおいてのみである[14]」と述べている。他方、両者の相違点は資本主義が参加者の「不平等」を

生み出すのに対して、民主主義が参加者の「平等」を大前提としていることであり、この点で両者は衝突をする。

マックス・プランク社会研究所の名誉所長を務めるヴォルフガング・シュトレークは、そもそも資本主義と民主主義は「強制結婚」をさせられていたと述べている。シュトレークによれば、1980年代の米国レーガン政権、英国サッチャー政権誕生が、資本主義と民主主義の「段階的解消過程」の始まりである。[15] レーガン政権、サッチャー政権は、それまでの「ケインズ型資本主義システム」(国家の経済介入、大きな政府)から「ハイエク型経済システム」[16](自由市場経済、小さい政府)へと経済政策の舵を切ったのである。

それまでのケインズ型資本主義システムでは、国家が資本主義と民主主義の仲介役を果たしていて、労働者の権利強化や、税金による所得再配分機能を通じて資本主義が生み出す不平等を是正する力が強かったのだが、見方を変えれば資本主義の力をそぎ、大きな非効率を生み出していたとも言える。そこで1980年代以降、米英をはじめとした先進諸国では各種規制緩和、国営企業の民営化、所得税の最高税率の引き下げ(米70%→39・6%、英83%→45%)などを進めた。この結果資本主義の本来の力が解き放たれ、経済的な格差も拡大し始めたのである。その後、米国では経済的な格差が献金などのチャネルを通じて政治的な格差にまでつながってしまい、資本主義と民主主義との「離婚」が不可避となってしまったというのである。

民主主義はかなり弱体化してしまったのだろうか。米国の民主主義の歴史を研究しているハーバード・ビジネス・スクールのデビッド・モスは、米国の民主主義は歴史的に重要な経済課題を見つけ対処する能力を持っていたが、民主主義への信頼が揺らぎ弱体化することで、以前ほど問題解決に効力を発揮しなくなった[17]と述べている。米国の政治システムは建国以来、問題点を見つけて対処する能力が優れていたのに、過去40年間に起こった不平等の拡大や賃金の停滞に対して、効果的に対処することができなくなっているのである。

ではデジタル化の進展は民主主義にどのような影響を及ぼすのだろうか。2010年の米国連邦議会選挙の際に、フェイスブックはサイト上のメッセージを通じて追加で34万人を投票に向かわせたという[18]。デジタルは資本主義だけでなく民主主義の強化にも貢献することができるのだろうか。言い換えれば資本主義と民主主義のバランスを取り戻すことができるのだろうか。

この問いに答えることは非常に難しいのだが、我々はデジタルが資本主義と民主主義のバランスを取り戻す仲介役としての役割を果たす可能性はあると考えている。第4章で紹介するシェアリング・エコノミーは個人へのエンパワーメントを進めるし、さまざまなデジタル・プラットフォームは個人の意見表明の機会を拡大している。ただしPARTⅢで詳しく見るように、仲介の役割を果たせるかどうかはデジタルがどのような目的あるいは価値観のもとで活用されるかに依存するだろう。デジタルが資本主義の強化だけに用いられたりすれば、資本主義と民主主義はさらに対立を深めてしまう可能性もある。

PART

II

デジタル資本主義の登場

第3章

捉えきれない消費者余剰の増大

ＧＤＰに計上される生産者余剰、計上されない消費者余剰

ＰＡＲＴⅠで示したように、ＧＤＰや労働生産性といった経済指標を見ると、日本も含めた世界経済はまさにローレンス・サマーズが述べるような「長期停滞」の時代に突入し、賃金は低迷しているかのように見える。しかしそれと同時に、ＮＲＩが日本で行った生活者アンケートからは、(主観的な) 生活レベルの向上を示唆する結果が得られるなど、不可思議な現象が見受けられるのである。

経済や賃金の長期停滞と同時に、生活者の生活レベルが向上しているという一見不可思議

図表3-1　消費者余剰と生産者余剰

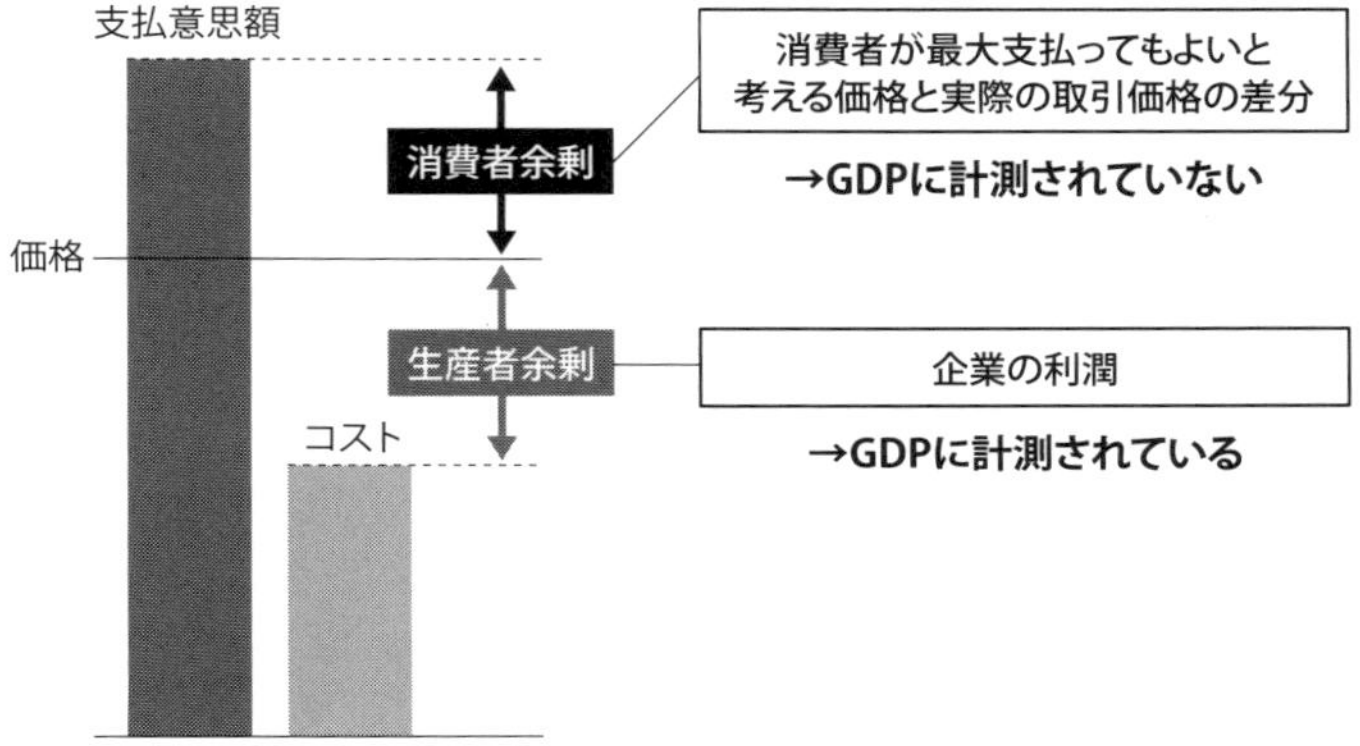

（出所）NRI

な現象の背後には、デジタルが大きな影響を及ぼしていると考えている。ＰＡＲＴⅡではこれについてさまざまな視点から分析を加えてみたいと思うが、まずはＧＤＰを取り上げよう。デジタルがＧＤＰに及ぼしている影響を理解するために、経済学で用いられる「消費者余剰」と「生産者余剰」の概念を紹介する。

単純化して説明をすると、図表３-１で示したように、生産者余剰とは価格とコストの差分、すなわち生産者の利潤であるのに対して、消費者余剰とは価格と支払意思額の差分、わかりやすく言えば「お買い得感」である。生産者の利潤（生産者余剰）は金額で表示されるのに対して、消費者余剰は通常は金額換算されることはない。つまり生産者余剰はＧＤＰとして計測されているが、消費者余剰はＧＤＰ外の存在である。

消費者余剰は概念としては理解できるものの、各人の支払意思額がはっきりしないケースがほとんどなので金額換算をするのが難しい。各商品・サービスに対して、この金額まで出してもよいという基準を持っている人もいるかもしれないが、大半の人々は、商品・サービスの中身と価格を見て、「高い」、「安い」、「ちょうどよい」くらいの感覚で買い物をしている。

消費者余剰の金額換算が難しいもうひとつの理由は、同じ商品であっても、人によって、さらには時間や場所によって支払意思額が変わることである。どうしても今すぐアイスクリームを食べたい人からすればかなりの金額を払っても購入したいと考えるだろうし、反対に全くアイスクリームに関心がない人からすれば、値段が相当安くない限り購入しようとは思わないだろう（あるいはアイスクリームが嫌いな人であれば無料でも消費しない）。しかし同じ人物であっても猛暑日になればアイスクリームを食べたくなるかもしれないし、どうしても食べたいということになれば多少のプレミアムを払っても購入するだろう。そうなると支払意思額は同じ人物であっても簡単に変化するのである。

自分の支払意思額がある程度はっきりわかるのはオークション方式である。たとえば「ヤフオク！」では入札の際に自分が最大払ってもよいと考える金額（支払意思額）を最初の段階で入力することができる。もし自分の支払意思額よりも低い金額で落札できたとしたら、その差分こそが自分にとっての消費者余剰であり、金額として認識することができる。消費者余剰と生産者余剰の合計が総余剰であるが、総余剰こそがその商品・サービスが生み出した真の意味での付加価値だと言える。そして総余剰は、客観的に把握することができる生産者余剰と、主観的にしか把握できない消費者余剰によって構成されているのである。見方を変えれば、生産者と消費者の間で総余剰（価値）を切り分けるナイフのような役割を果たしているのが価格だと言える。

なお本書では経済学の用語に従って便宜的に「消費者余剰」「生産者余剰」という呼び名を使っていくが、ここでの消費者とはB2C事業の最終消費者だけを意味するのではなく、B2B事業の法人顧客も含んでいることにご留意いただきたい。その意味では消費者余剰を「顧客余剰」あるいは「顧客満足度」と読み替えていただいて構わない。また生産者余剰も「企業利潤」と考えていただければイメージがしやすい。

消費者余剰だけを生み出す無料のデジタルサービス

我々は日々無料のデジタルサービスを利用している。グーグルの検索サービス、地図アプリを使った経路探索サービス、フェイスブック等のSNS、インスタグラムの写真共有サー

図表3-2　最近1～2年間の生活の変化

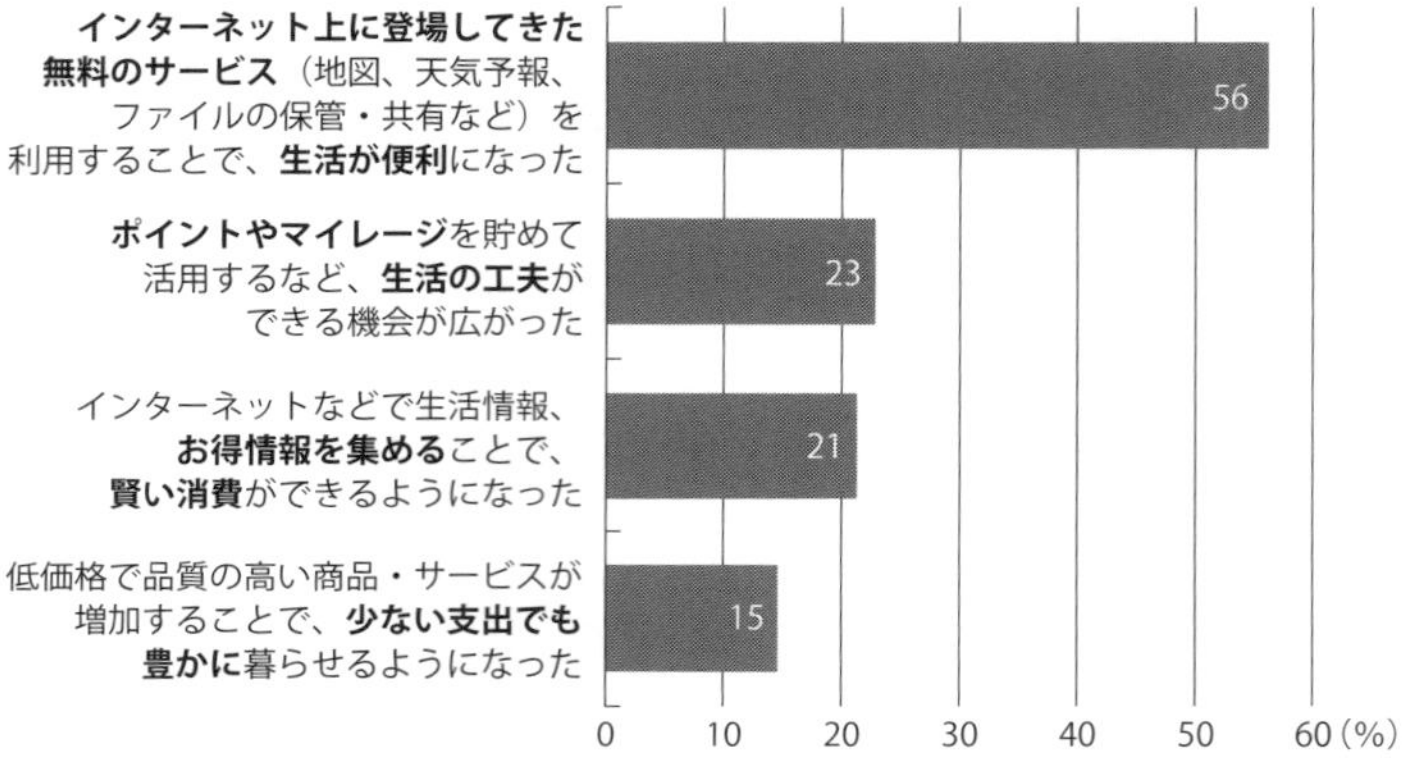

（注）全国の満15～69歳の男女個人を対象にインターネットで調査を実施（回収数は3,143人）
（出所）NRI「生活者インターネット調査」（2017年8月）

ビスなどはネットワーク接続料を除けば無料で利用できる。無料ということはこれらのサービスは全く価値を生み出していないのだろうか。そんなことはないはずである。これらのサービスは我々の利便性を高めてくれているし、時間の節約や生活の質を高めてくれている。NRIが2017年8月に行った「生活者インターネット調査」によれば（図表3-2）、回答者の56%が「インターネット上に登場してきた無料のサービスを利用することで、生活が便利になった」と回答している。

無料の検索サービスを提供しているグーグルには広告収入という形の収入がある。しかし広告収入額をもって、グーグルの検索サービスが生み出した価値とみなすのは間違っている。むしろグーグルのビジネスは2組の

図表3-3　消費者余剰と生産者余剰を別々に生み出すグーグル

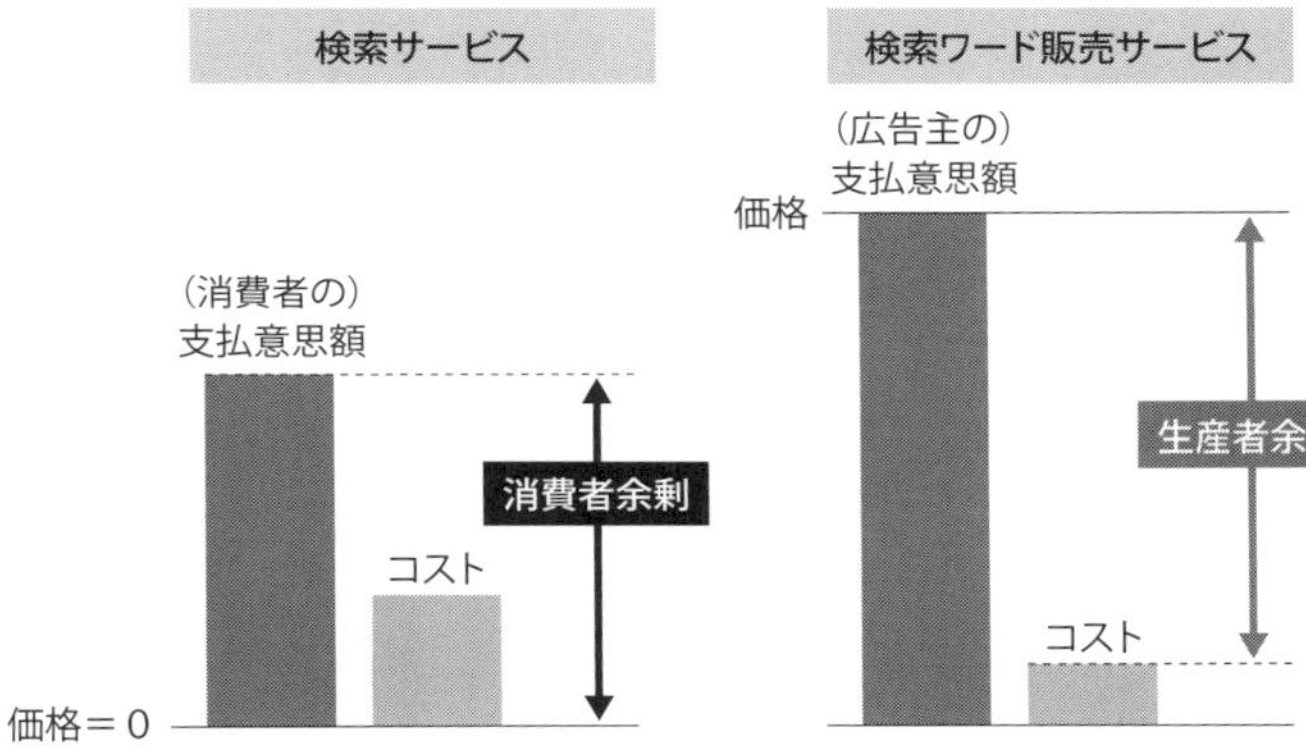

（出所）NRI

「支払意思額とコストの組み合わせ」で構成されていると見るべきである（図表3-3）。

1組目は検索サービスである（左図）。グーグルは検索サービスを提供するにあたってコストをかけているし、消費者も検索サービスに対してわずかではあるが支払意思額を持っているはずである。そのようななかで無料（＝価格ゼロ）の検索サービスを提供する。この場合、無料の検索サービスは生産者余剰を生み出さず、消費者余剰だけが発生していることになる（正確にはコストがある分マイナスの生産者余剰が発生している）。2組目は潜在的な広告主向けの検索ワード販売サービスである（右図）。このサービスで販売するものは消費者が入力した検索ワードである。グーグルは検索ワードを販売するためにもコストをかけている。そして広告主となる企業・個人は検索ワードに対する支払意思額を持っていて、グーグルは支払意思額ギリギリの水準で価格を設定していると仮定しよう。するとこちらの事業で生み出されている価値の大半はグーグルにとっての生産者余剰で、広告主にとっての消費者余剰は小さいことになる。議論を単純化すれば、グーグルは検索サービス事業では消費者余剰を生み出し、検索ワードの販売事業では生産者余剰を生み出しているのである。(1)

消費者余剰がGDPのピンボケ現象を引き起こす

これまで経済学のなかでの概念的な存在でしかなかった消費者余剰が、無料のデジタルサービスが広まるにつれて概念以上の存在になってきている。そしてこれが、我々が呼ぶところの「GDPのピンボケ現象」を引き起こしている。

GDP統計は改善が必要だという議論は昔からあって、これまでにもさまざまな問題点が指摘されてきた。たとえば公共部門の活動については、付加価値額ではなくコストで評価されていること、また無償で行われている家事労働サービスが評価されていないこと、などであるが、これらは基本的には生産者余剰の推計方法や会計ルールの問題であった。そして各国政府の統計局が協力しながらGDPの推計ルールを改善してきたのである。

しかしデジタル技術の進展によって、前述したような無料デジタルサービスが我々の日々の生活に欠かせない存在になるにつれて、消費者余剰が現実世界の表舞台に現れつつあるのである。写真でたとえてみよう。これまではＧＤＰ（生産者余剰）という被写体に焦点がぴったりと合っていて、背景（消費者余剰）はぼやけていることでむしろＧＤＰがより際立って見える状態にあった。そして我々は焦点の合ったＧＤＰの成長を見ながら、経済成長の度合いを理解していたのである。しかしデジタルによって、これまでは背景であった消費者余剰の存在感が増してきた。カメラ好きの方ならわかるように、メインの被写体にピントをあてたいと思っても、背景に何か特徴的なものがあると、カメラがそちらにピントを合わせてしまうことがある。その結果メインの被写体がピンボケしてしまうのである。我々は同じようなことがＧＤＰ（生産者余剰）と消費者余剰についても起こっていると考えている。ピントがＧＤＰからずれつつあるのである。そのような状況でピンボケをなくそうとするならば広い視野で経済を捉え直す必要がある。カメラで言えば、広角レンズにつけかえることで、すべてをはっきり写すようなものである。

消費者余剰自体はデジタル技術が出てくる前からも存在していたのに、なぜデジタル化の進展に伴って消費者余剰の存在感が増したのだろうか。最大の理由は、デジタルが価格とコストを押し下げる圧力が非常に強いことと、前述のような無料のサービスを生み出したためであろう。価格が下がる、あるいは無料になれば必然的に消費者余剰が増えることになる。

商品のサーチ・コストが低下

デジタル化は価格に影響を及ぼす。価格比較サイトやECサイトの登場によって、同じ商品でも異なる価格で販売している販売者のリストを簡単に比較することができるようになった。デジタル化の進展はサーチ・コスト[2]を劇的に引き下げたのである。米・英・独・仏の4カ国で行われたある調査[3]によると、消費者の72%はまずアマゾンのウェブサイトを訪問して情報収集をしてから、アマゾンもしくは物理的な店舗で商品を購入するという。また最終的にアマゾン以外で商品を購入した人であっても、51%が代替商品や価格を比較するためにアマゾンを参照している。日本においても価格.comの月間利用者数は、2017年6月末の時点で5181万人であり、2007年7月の833万人から6倍以上拡大している[4]。サーチ・コストの低下は安価な商品を見つけることを容易にし、図表3-4で示したように消費者余剰を拡大させ、生産者余剰を縮小させるのである。

これは資本主義の初期段階である商業資本主義の特性を持っているとも言える。第2章で定義づけしたように、資本主義とは「差異の発見・活用・創出を通じて利潤を獲得し資本

図表3-4　価格比較サイトなどの登場により価格だけが低下する

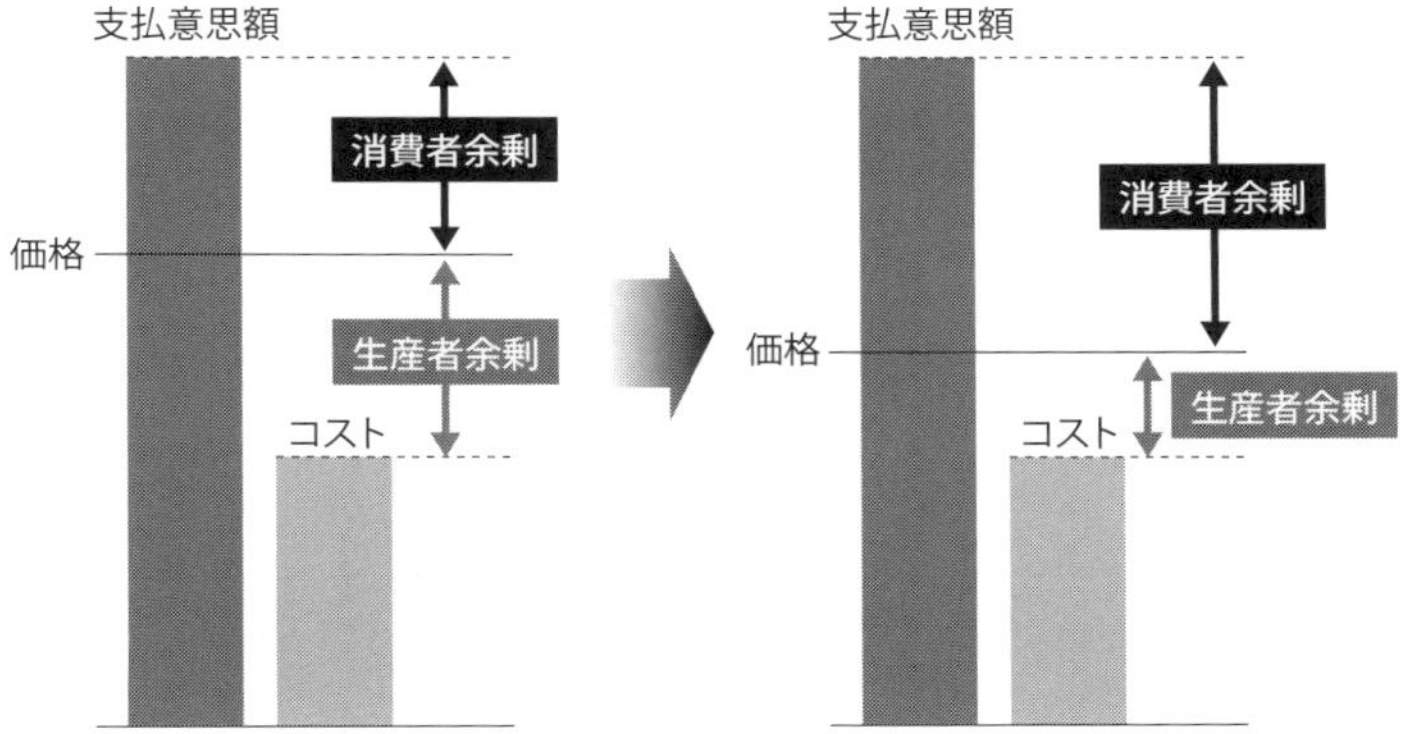

（出所）NRI

（貨幣）の永続的な蓄積を追求するシステム」である。そして人類の歴史における商人の役割は、遠隔地などの間における価値体系の差異を発見し、そこから利潤を獲得することであった。価格比較サイトの登場やインターネット上のオークションサイトが増えるにつれて、価格の差異から利潤を得ようとする「にわか商人」が増大し、デジタル商業資本主義とも言える形態が拡大しているのである。

デジタルによって低下するコスト

デジタル化はコストの低下にも寄与している。音楽や動画などデジタル化されたコンテンツは複製コストがゼロに近く、限界費用（変動費）を低下させる。またＥＣ（電子商取引）の拡大に

図表3-5　デジタル技術によってコストと価格が低下する

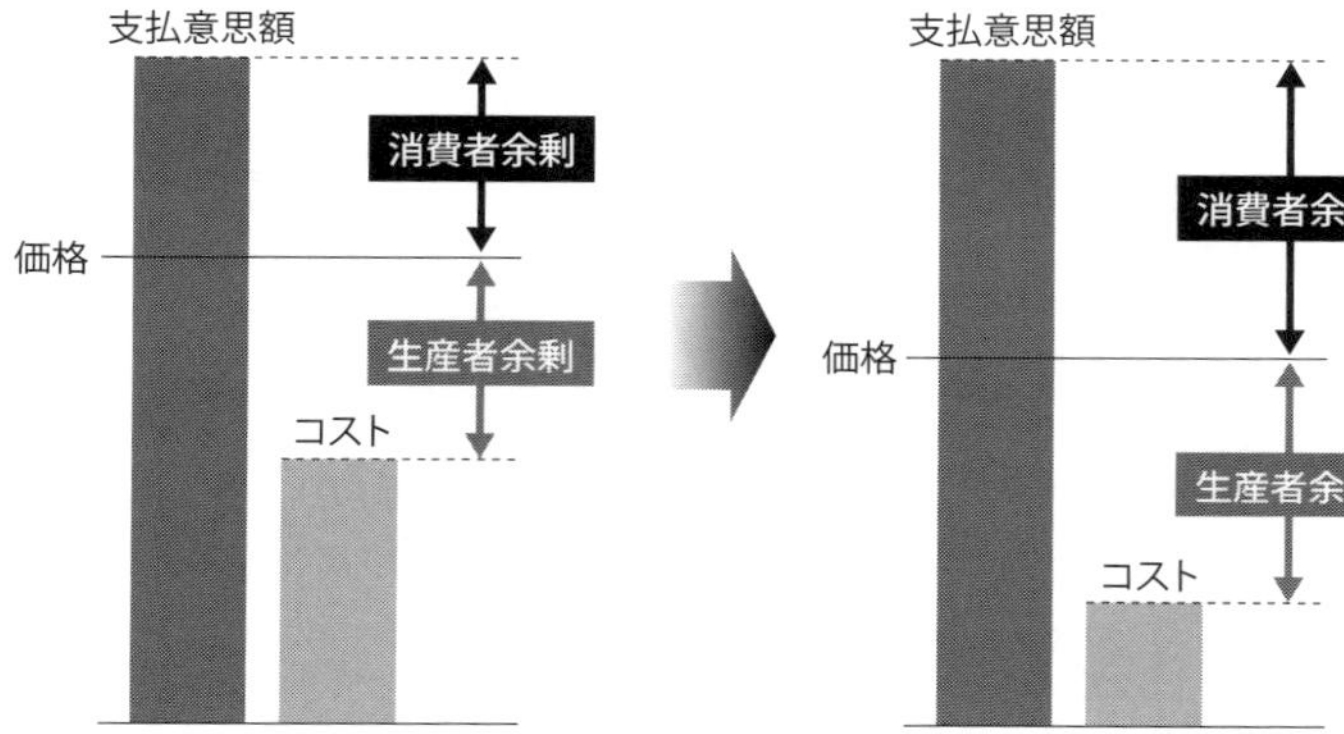

（出所）NRI

よって中間流通マージンが削減されるのも別のコスト削減例である。さらにクラウドサービス(5)やSaaS（ソフトウェア・アズ・ア・サービス）などを活用することで固定費の一部を変動費化して総コストを低下させる取り組みも急速に進んでいる。

この場合は価格がどのくらい変化するかにもよるが、図表3-5に示したように仮にコストの低下ほどは価格が下がらなかったとしたら、消費者余剰と生産者余剰の両方が増加することになる。もしコストの低下と同じだけ価格も低下したら、生産者余剰は変化せず、消費者余剰だけが増えることになる。

デジタル・ディスラプション

デジタルによって限界費用が大幅に低下している産業、つまりデジタルが破壊的な影響を及ぼしている産業のひとつが音楽配信業である。音楽はコンテンツそのものがデジタル化した。その結果レコードがＣＤになり、その後物理的な媒体を介さないデジタル配信という形態をとるようになった。しかしビジネスモデルが大きく変わったのは最近のことである。デジタル音楽配信企業のなかでも、たとえばアップル社のiTunesは１曲当たりいくらというアナログ時代の価格付けをしているのに対して、スポティファイやアマゾン・ミュージック等のビジネスモデルでは曲を販売するのではなく、楽曲に対するアクセス権を販売するという全く異なる価格体系を採用している。

このような破壊的なイノベーションがこれまでのイノベーションとどう違うのかを、生産者余剰と消費者余剰という視点で見てみよう（図表３－６）。両者は需要曲線と供給曲線、そして価格からも表現できる。議論を単純化するために、右下がりの需要曲線、右上がりの供給曲線(6)を想定し、取引数量と価格は需要と供給の交点で決まるとする。そうすると価格の線と需要曲線の間の面積が消費者余剰、逆に価格の線と供給曲線の間の面積が生産者余剰を表

図表3-6　従来のイノベーションとデジタル・ディスラプションの違い

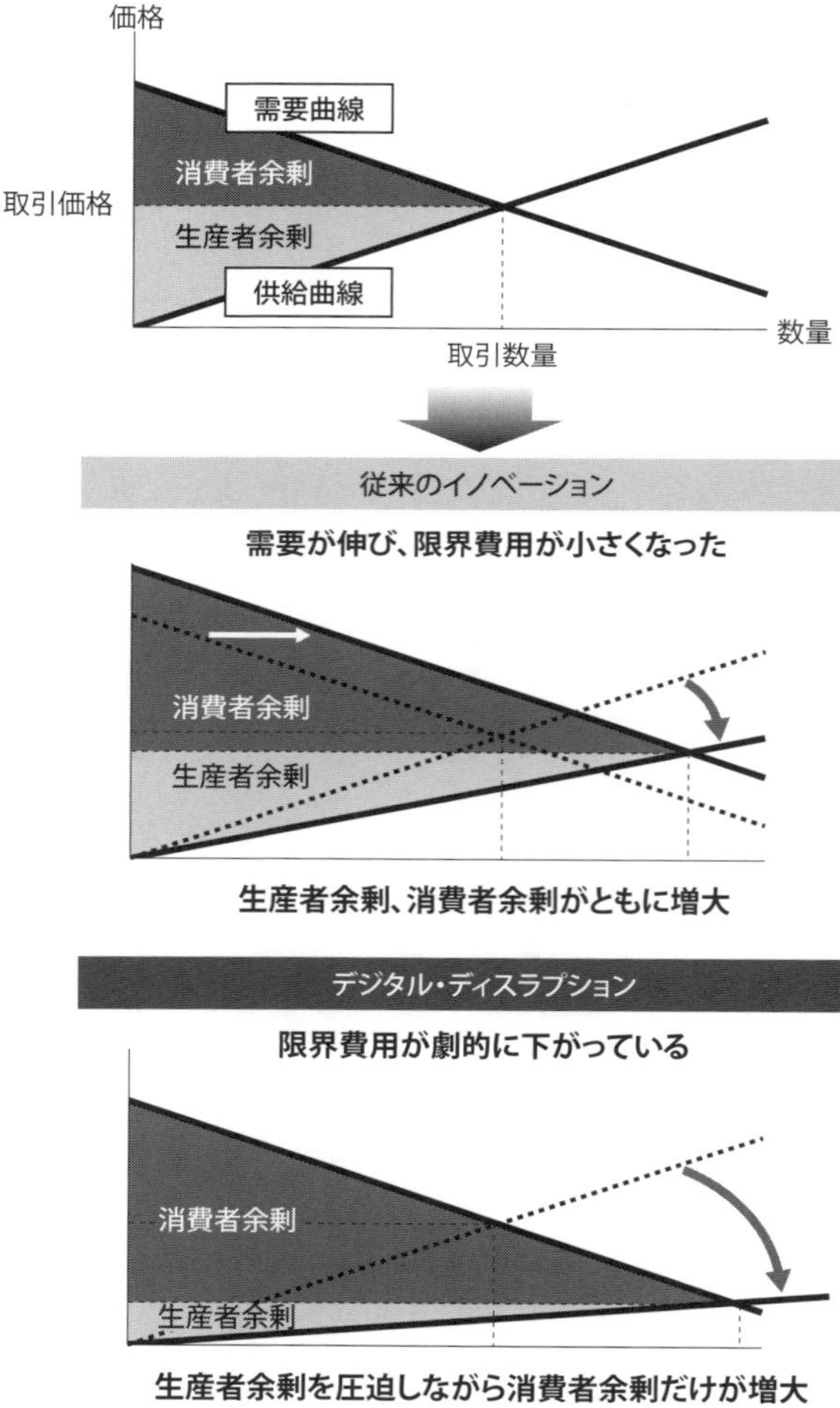

（出所）NRI

す。

次に真ん中の図を見てもらいたい。産業資本主義のもとでのイノベーション、たとえばフォードによる大量生産方式の導入を考えると、生産工程のイノベーションによって生産性を高め供給力を大幅に増やすことができた。ここではそれを限界費用（供給曲線）の傾きが低下する形で表現しよう。[7] つまり追加で1単位の自動車を製造するコストが低下したのである。しかし話はここで終わらない。ヘンリー・フォードは労働生産性の向上を受けて賃金を上げる。そして賃金を上げたら利益がさらに増えていくのだが、これはどういうことかといえば、消費者（労働者）の購買力が高まったことで図中の需要曲線が右側にシフトし、消費者余剰だけでなく生産者余剰も増えたことを意味している。言い換えれば供給力の増加とともに需要も増加していたことになる。[8]

それに対してデジタル・ディスラプション（デジタルによる破壊）は、限界費用を低下させる（ほぼゼロにする）威力が従来のイノベーションよりも桁違いに強いのである。そしてサマーズも指摘しているようにデジタル技術はこれまでのイノベーションと比べると投資抑制的なだけでなく労働節約的でもある。典型的なデジタル・ディスラプションは、デジタル武装した新規参入企業によって行われ、伝統的な企業（例：音楽分野ではCDショップ）を閉鎖に追いやっているが、デジタル武装した新規参入企業は、非常に少ないスタッフ数で事業が運営されている。次に紹介するデジタル音楽配信企業のスポティファイは、２１６２人（２０１６年時点）[9]で１億人のユーザー（２０１６年６月時点）を相手にしているし、ＳＮＳ最大手のフェイスブックは、約２万３０００人のスタッフが約20億人のマンスリー・アクティブ・ユーザー向けのサービスを提供している（２０１７年６月時点）。

投資節約的なだけでなく労働節約的ということは、需要曲線を右にシフトさせることが難しく、一番下の図に示しているように、生産者余剰が大幅に圧縮され、消費者余剰だけが増大する結果となってしまうのである。しかも圧縮された生産者余剰は少数の新規デジタル企業による総取りとなる。

スポティファイが生んだ消費者余剰はざっと2兆円

それでは実際に音楽配信企業を例に消費者余剰の推計をしてみよう。ここではスポティファイという企業のサービスを例に取り上げる。スポティファイはスウェーデン発のデジタル音楽配信企業で、顧客は有料もしくは無料ユーザーの選択肢がある。有料ユーザーは、毎月９８０円（米国では9・99ドル／月）の定額料金を支払うことで、４０００万曲近くにアクセスすることができ、ダウンロードも可能である。無料ユーザーも同じく４０００万曲近くに

図表3–7　スポティファイが全世界で生み出した消費者余剰と生産者余剰（試算値）

区分		推計額
消費者余剰	有料ユーザー（6,000万人）	約1兆5,000億円
	無料ユーザー（8,000万人）	約5,000億円
	合計	約2兆円
生産者余剰		約600億円（※2016年12月時点のスポティファイ社の粗利額）
C/Pレシオ（消費者余剰/生産者余剰の比率）		約33倍

（出所）消費者余剰はNRIの試算、スポティファイの粗利は同社ホームページより

アクセスはできるがダウンロードはできず、数曲に1回は強制的にCMが流れる。2017年6月時点で、同社のアクティブユーザー数は全世界で1億4000万人、うち有料ユーザーは6000万人と言われている（同社ホームページより）。

スポティファイには2つの事業がある。本業の音楽配信と、広告主に対するCMスポット販売である。音楽配信事業では消費者余剰と生産者余剰の両方が発生している。ここでCDを年間5枚購入している人がいたとしよう。CDの値段を1枚3000円とすると、年間1万5000円を支払っていたことになるが、この人がスポティファイの有料ユーザーになると年間支払額は約1万2000円ですむ。この時点ですでに少なくとも3000円の消費者余剰が発生するが、さらに気に入った音楽を見つけることができたら、その人の消費者余剰はさらに増えることになる。他方、広告主に対するCMスポット販売については、ここでは議

論の単純化のため生産者余剰だけが発生している、つまり広告主の支払意思額ギリギリの価格で販売されていると仮定しよう。

そのような前提条件のもとで、スポティファイが全世界で生み出している消費者余剰を試算した結果を示す（図表3-7）[10]。この推計によれば、有料ユーザーに対しては約1兆5000億円、無料ユーザーに対しては約5000億円、合計約2兆円の消費者余剰が全世界で生み出されている。無料ユーザーよりも有料ユーザーの数が少ないにもかかわらず、有料ユーザーが得た消費者余剰の方が3倍大きくなっている。これは音楽に対する支払意思額が、有料ユーザーの方が大きいためである（無料ユーザーは年間1万2000円を払うほどの支払意思額はないが、何かしらの音楽を楽しみたいと思っている層であるのに対して、有料ユーザーのなかには音楽に対する支払意思額がとても高い人まで含まれている）。スポティファイは2016年12月時点で約600億円の粗利（全世界）を生み出しているのでこれを生産者余剰とみなすとスポティファイの「消費者余剰／生産者余剰」の比率（これをC／Pレシオと呼ぼう）は約33倍である。

1曲いくらという価格体系を採用している従来型企業の多くが、C／Pレシオは1未満であると考えられる。つまり消費者余剰は生産者余剰より小さいという意味である。特にレコード・CDは再販売価格維持制度によって割引が禁止されていたので、総余剰のなかの多くを生産者余剰が占めていたはずである。なお同じデジタル音楽配信サービスでも、アップルのiTunesは1曲150〜250円という昔ながらの価格付けを行っていて、我々の試算では、iTunesのC／Pレシオは1を下回っている。つまりレコード・CDと同じく消費者余剰より生産者余剰の方が大きい。iTunesが提供しているダウンロードの質の向上や、いろいろな端末で共有できるといった顧客体験の向上は、確かに消費者余剰の向上にもつながっているとは言えるが、限界費用がほぼゼロのコンテンツを1曲いくらで販売するということは、かなりの額の生産者余剰が生み出されていたと見ている。「曲」を販売するビジネスモデルと「アクセス」を販売するビジネスモデルでは、生み出している消費者余剰、生産者余剰の比率に大きな違いがある。

生産力・軍事力のモノサシだったGDP統計

消費者余剰の存在感が増したことで、GDPのピンボケ現象が起こっている。しかしこれはGDP自体が役に立たなくなったという意味ではなく、GDPだけでなく消費者余剰にも注意を向けなければならなくなったことを意味している。カメラのフレームのなかで1つだけにピントをあてるのではなく、広角レンズを使って全体にピントをあてるような試みが必要なのである。

現在、世界各国で用いられているGDP（GNP）統計の原型は1940年代に確立されている。この計算ルールは国民所得計算もしくは国民経済計算体系と呼ばれていて、1940年代以前から米国ではサイモン・クズネッツ、英国ではコリン・クラークといった経済学者が主導して、データの収集やルールの策定にあたっていた。クズネッツが1934年に発表した最初のレポートには、1929年から1932年の間に米国の国民所得が半減していることが初めて数値で示されていて、当時の米国では衝撃的なレポートとしてベストセラーになったという。[11] クズネッツが目指していたのは国民所得計算によって国民の経済的な豊かさを測定することであったが、第二次世界大戦に突入しつつあった英米にとっては、国の生産力や軍事力を可視化する目的が優先されるようになった。ダイアン・コイルはこの意思決定が国民所得計算のターニングポイントになったと述べている。[12] すなわち、もしGNPが国民の経済的な豊かさを表す指標であるのならば、政府のさまざまな支出（インフラ投資や国防のための軍事支出など）は国民の豊かさを達成するためのコスト（経費）であって、文字通りコストとしてGNPから差し引くべき存在であるはずなのだが、そうではなく「GNPに加える」ことが決められたのである。

この違いは非常に大きい。もし今日のGDP統計のルールが、政府支出をコストとしてGDPから引くことを求めていたら、政策当局の人間は、いかに少ない政府支出で国民にサービスを提供するかを熟考しなければならなくなる。他方、政府支出額がそのままGDPにアドオンされる現行ルールにおいては、クズネッツが指摘しているように「政府支出が経済成長の数字を増大させることを同語反復的に認めているにすぎず、人々の豊かさが向上するかどうかは考慮されていない[13]」のである。

無料のデジタルサービスから生まれる消費者余剰

近年のデジタル化の進展によって消費者余剰の存在感が増していることを示してきた。前述したように、本来は消費者余剰と生産者余剰の合計値である総余剰こそが国民経済全体の福祉水準を表すはずであるが、これまでは貨幣換算ができ客観的であるという技術的な理由や、生産力・軍事力の把握という政治的な理由によって生産者余剰のみが注目されてきたのである[14]。

しかし生産者余剰だけに注目すると第1章で示したように国民の豊かさに関して誤解を生み出す可能性がある。デジタル・ディスラプションのように、デジタル化によって生産者余剰は縮小してしまったが総余剰の面積は増加しているという状況が起こった場合、GDPだけに着目していると我々の経済は縮小しているという判断が下される可能性がある。

それでは消費者余剰は金額換算できるのだろうか。スポティファイの例で示したように、いくつかの仮定を置けば推計できないことはない。また消費者余剰の研究は世界中で進んでいて、経済学者たちによっていくつかの手法が開発されている。たとえばＭＩＴのブリニョルフソンらは無料のデジタルサービスが生み出す消費者余剰を金銭評価するモデルを開発した[15]。消費者はグーグルやフェイスブック、YouTubeに対してお金を支払っていないが（pay nothing）、注意を払っていて（pay attention）、そこから何かしらの満足（経済学用語では効用）を得ている。

このモデルの特徴は、消費者が無料のデジタルサービスを利用した「時間」に注目している点にある。このモデルに登場する消費者は、効用を最大化するよう行動するが、効用は消費や（無料の）余暇活動によって決まる。無料のデジタルサービスの利用時間は余暇活動の一部である。なお消費するためには労働をして収入を得なければならないが、すべての時間を労働に費やすことはない。消費や余暇活動の時間を確保し効用を高めようとする。そこで睡眠以外の時間を労働時間と消費（および余暇活動）時間に割り振って効用を最大化するのだが、その効用を金銭評価し、そこから無料のデジタルサービス利用による消費者余剰を逆算していく。

ブリニョルフソンらの推計（２０１２年）によると、無料のデジタルサービスが米国で生み

図表3-8　無料デジタルサービスが生み出す消費者余剰と対実質GDP比率（日本・米国）

	日本（NRI試算値）	米国（MIT推計値）
消費者余剰平均値	42兆円 （2007～2015年）	8,380億ドル（78兆円） （2007～2011年）
GDPに対する比率	8.4%	5.8%

（注）日本の値についてはMITの同モデル（2012年版）を参考にNRIが試算した。
（出所）米国の推計値は、Erik Brynjolfsson and Joo Hee Oh, "The Attention Economy: Measuring the Value of Free Goods on the Internet"（2012）より。米国の実質GDPは世界銀行より

出す消費者余剰は2007～2011年平均で8380億ドル（＝約78兆円）[16]となっていて、これは同期間の米国GDPの5・8％に該当する。他方、このMITモデル（2012年）を用いてNRIが日本について試算した結果を見ると、無料デジタルサービスによって日本で生み出されている消費者余剰は年平均で42兆円相当で（2007～2015年）、規模的には米国よりも小さかったものの、GDPに対する比率は8・4％と米国より大きい結果となった[17]（図表3-8）。

無料のデジタルサービス以外の通常の財・サービスからも消費者余剰は発生しているので、消費者余剰全体は図表に示したものがすべてではなくさらに大きいはずである。仮に何らかの手法によって、他の財・サービスから得られる消費者余剰も捕捉されるようになれば、生産者余剰＋消費者余剰、すなわち「国内総余剰（GDS：Gross Domestic Surplus）」を見ていることになる。国内総余剰には、金銭面では評価できない生活の質の向上が考慮されている。

国内総余剰（GDS）

デジタル資本主義の時代において、国内総余剰という概念がＧＤＰだけを見るよりよいと思える理由がいくつかある。もちろんこの概念にも課題はある。そもそも客観的なＧＤＰと主観的な消費者余剰を同じ土俵で検討してもよいのかという問題である。しかし生産者余剰だけでなく消費者余剰にも注目すべき理由を改めて以下に挙げてみよう。

第１に、デジタル化が進むとＧＤＰ統計では価値の捕捉がしづらくなる局面がますます増えることである。ＧＤＰはイノベーションの影響を測定するのが苦手である。こう聞くと意外に思う人がいるかもしれない。イノベーションこそがＧＤＰ成長のカギで、イノベーションさえ着実に行っていればＧＤＰはそれだけ増えるのではないのだろうか。しかしＧＤＰはあくまで「量」の捕捉が主目的であって、「質」の変化を直接捉えることができない。もう少し正確に言えば、ＧＤＰは質の変化によって生み出された販売量の変化を捕捉しているだけであって、それは質の変化を表しているとは言えないのである。ＩＴの世界では、ＰＣに代表されるように質が向上したのに価格は逆に低下することがよくある。質の向上と価格低下によって、結果として総販売量（額）は増えるのかもしれないが、性能向上と販売額の変化の度合いは必ずしも一致しない。

他方、イノベーションによるPCの質の向上は支払意思額の上昇という形に表れるはずである（もし消費者全員がそんな性能向上は無意味だと感じていたら支払意思額は上昇しないが……）。消費者から見てPCの性能が向上し、さらに価格が低下しているとなれば、支払意思額と価格の差である消費者余剰（お買い得感）は大きく増え、実際の購入も増えるのである。

第2に、デジタル化の進展に伴って生産者と消費者の境界が曖昧になることである。詳しくは第7章で議論するが、デジタル化のもとでのイノベーションは顧客参画型である。顧客がデータを提供し、それをもとにパーソナライズされた商品・サービスが生産者から提供される、あるいは顧客が自分で商品やサービスの設計を行えるようなプラットフォームを生産者が提供するといった協働形態が進むと考えられる。このような仕組みでは、生み出された価値のどのくらいが生産者に帰属し、どのくらいが消費者（顧客）に帰属するかを判断することが難しくなる。もちろん便宜的には価格を境に、それとコストの差分が生産者余剰で、支払意思額との差分が消費者余剰であるという区分けは可能であるが、実質的には「生産者」「消費者」の区分が曖昧になる。そのような状況下では、生産者余剰（GDP）だけに固執するよりも、総余剰を見るべきだと言えるだろう。

第3に、推計の技術的な側面である。消費者余剰は概念としては理解できても実際の推計は極めて難しいことは認めざるを得ない。しかしIoTの進化やソーシャルデータの爆発的な増加によって、消費者余剰をタイムリーに推計する手法が生まれるかもしれない。それは脳科学的なアプローチかもしれないし、消費者に「お買い得度」「満足度」をアプリ等で明示してもらうやり方かもしれない。つまりデジタル化の進展自身が、消費者余剰の技術的な計測可能性を高めるのではないかという期待感である。

生産者余剰と消費者余剰の対比は興味深いアナロジーを想起させる。デジタル化の進展はＡＩ（人工知能）の導入やオートメーション機器の導入など、生産面での機械化・自動化を加速度的に進めているが、この傾向を念頭に置くと、デジタルによって、人間的・主観的な消費者余剰と、機械的・客観的な生産者余剰という対比が一層際立ってきたかのようである。つまり消費者余剰と生産者余剰の関係性が、まるで人間と機械の関係性を表象しているかのようにも見えることである。デジタル・ディスラプションが起こると、生産者余剰が圧縮されて消費者余剰が大きく拡大することを示したが、これは生産の世界から労働者が閉め出され、消費者（生活者）の世界に追いやられている、言い換えればデジタル資本主義版の「囲い込み運動[18]」が起こっていることを暗示しているのかもしれない。

また客観的な指標と主観的な指標を同時に扱うというのは、荒唐無稽なアイデアではなく実例はある。たとえば株価である。株価は当該企業のＥＰＳ（１株当たり純利益）×ＰＥＲ（株価収益率）で計算されるが、ＥＰＳは財務指標から計算される客観的な数値なのに対して、ＰＥＲは主観的な指標である。ＰＥＲは株式市場の参加者がその企業に抱く期待値、喝采メーターで、ＰＥＲが高いほど株主の期待値が高い、あるいは拍手喝采を浴びせていることを意味する。[19] そしてその企業のＰＥＲが低すぎると思うのなら買いであるし、そのＰＥＲが高すぎると思うのならその株は売りということになる。

国内総余剰を補完する「ウェルス・アカウンティング（富の会計）」

国内総余剰の概念は、ＧＤＰを含んでいることからわかるように、ＧＤＰ統計を廃棄するものではない。むしろＧＤＰ統計では「量」の計測を、消費者余剰では「質」の計測を担当させると割り切って、両者を補完関係にするのである。両者を足し合わせず別々に表記してもよい。これによってＧＤＰ統計が抱える課題のいくつかには対応できるようになる。

コイルはＧＤＰ統計が抱える課題として、（1）イノベーションや商品・サービスの多様性など経済の複雑性を評価しづらいこと、（2）サービスや無形資産の評価をしづらいこと、（3）環境や資源の保全など持続可能性を評価しづらいこと、の3点を挙げている。[20] このうち（1）と（2）はこれまで議論したように消費者余剰によってカバーできる。しかし（3）

の環境面もしくは持続可能性への影響については、国内総余剰という概念では考慮することができない。むしろ、消費者の購買意欲を刺激してさらに支払意思額を高めようという点にばかり意識が向いてしまうと、持続可能性とは逆の結果をもたらす可能性もある。

そのため、たとえば世界銀行が開発を進めている「ウェルス・アカウンティング（富の会計）」などの統計を補完的に利用する必要があるだろう。これは資産・資本に着目したという意味で、企業会計の貸借対照表に該当するが、興味深いことに物理的な資本（建物・設備等）だけでなく、人的資本、社会資本、そして自然資源も含めた「包括的な富（Comprehensive wealth）」を計測しようとしている。ウェルス・アカウンティングはまだ開発途上ではあるが、将来的に国内総余剰とペアにすることで、企業が行うような資産回転率などの分析や、自然資源の減耗を可視化したうえでの経済成長といった新たな視点がマクロ経済においても提供されることが期待できる。

第4章

所有からアクセスへ
——シェアリング・エコノミーの登場

シェアリング・エコノミーの定義

デジタル資本主義を最も象徴しているもののひとつが「シェアリング・エコノミー」と呼ばれる仕組みで、その代表格が、自宅を短期間他人にシェアするエアビーアンドビー（宿泊）と、ライドシェアサービスと呼ばれるウーバーである。シェアリング・エコノミーは、モバイル機器とセンサーの爆発的な浸透とソーシャルデータの急激な拡大が生み出した経済システムだと言える。しかしこの言葉の歴史は浅く、同じような仕組みが「協働型消費」「オンデマンドエコノミー」「ギグエコノミー」「ピアエコノミー」といったさまざまな名前で表現

図表4-1　レイチェル・ボッツマンによるシェアリング・エコノミーの定義

(1) 金銭的／非金銭的な目的にかかわらず、事業のコアとなる部分に、未使用もしくは稼働率が低い資産（使われていないキャパシティ）の価値を解放するというアイデアを含んでいること。
(2) 当該企業に価値観に則った明確なミッションがあり、有意義な原則のもとに事業を行っていること。具体的には透明性や人間性、信ぴょう性を示すような短期／中長期的な戦略意思決定を含む。
(3) 供給側にいる提供者（例：遊休資産の提供者）が評価され、敬意を表され、権利を与えられていること。そして企業はこれらの提供者の生活が経済的にも社会的にも向上するようコミットしていること。
(4) プラットフォームの需要側にいる顧客が、所有ではなくアクセスにお金を払うことで、より効率的に商品やサービスを得られるようになり、便益を受けられるようになること。
(5) 事業が分散型市場もしくは分散型ネットワーク上で構築されていること。そしてそこで発展したコミュニティでは相互の信頼や集団的な説明責任、互恵といった意識が生み出されていること。

されているのが現状である。

　ではシェアリング・エコノミーの定義とは何なのだろうか。オックスフォード英語辞典は2015年にシェアリング・エコノミーという言葉を初めて掲載するようになったが、それによれば「個人間で資産やサービスなどが無料もしくは料金つきで共有される経済システムのことで、典型的にはインターネットを通じて行われる」としている。『シェア』の著者であるレイチェル・ボッツマンは、技術面だけでなく倫理的な側面も含めて、シェアリング・エコノミーは5つの特徴を備えたものであるべきだと定義している（図表4-1）[1]。

　シェアリング・エコノミーが資本主義

や経済システムに及ぼす影響を見る前に、まずシェアリング・エコノミーのイメージを拡大させるためにも企業（サービス）事例を少し詳細に見ていこう。ここでは再びボッツマンの分類に頼りたいと思う。ボッツマンは「シェアリング・エコノミー」「協働型エコノミー」「協働型消費」「オンデマンドサービス」の違いについても定義づけを行っているので、ボッツマンの定義とそこで例として挙げられている企業について事業内容を分析し、どのような新規性があるのか検討してみよう。

なお本書では、ボッツマンが定義する「シェアリング・エコノミー」を狭義のシェアリング・エコノミーと捉え、4つの区分すべてを広義のシェアリング・エコノミーとして分析の対象にしたいと思う。

（狭義の）シェアリング・エコノミーとは

ボッツマンによれば、（狭義の）シェアリング・エコノミーとは「あまり使われていない資産を無料もしくは料金つきで直接個人／個別事業者からシェアしてもらう経済システム[2]」である。この定義に該当する例として以下の企業が挙げられている。

①エアビーアンドビー（宿泊場所のシェアリング）

２００８年８月にブライアン・チェスキーらによって米国カリフォルニアで創業された会社で、空き部屋を活用して追加的な収入を得たい人と、宿泊場所を探している人をつなぎ合わせるプラットフォームを提供している。対象となる稼働率の低い資産は家屋である。提供者は、自分が旅行で家を空けている間に自宅を宿泊場所として提供する、あるいは普段ほとんど泊まっていない別荘を貸し出すことで追加的な収入を得ることができる。提供者はマーケティング方法やウェブでの写真掲載の方法、また宿泊料金などについても自身で決めることができる。

利用者にとっては、旅行のハイシーズンに旅先でホテルが確保できない、あるいは宿泊価格が高騰している場合に、エアビーアンドビーを通じて宿泊場所を確保できたり、ホテルとは全く違う体験が得られるというメリットがある。同社のウェブサイトを見ると、２０１７年11月時点で、世界１９１カ国、６万５０００以上の都市で空き部屋リストが登録されていて、その数は３００万件以上にもなるという。そのなかにはお城も１４００カ所以上登録されているなど、同社は宿泊先の仲介だけでなくユニークな旅行体験を提供する方向に事業の舵を切っている。

②コヒーロ（高額医療機器のシェアリング）

２０１２年に米国ボストンで創業されたコヒーロは、高額医療機器を病院間でシェアするためのプラットフォームを提供している。対象となる稼働率の低い資産は高額医療機器である。同社によれば、米国の病院における医療機器の平均稼働率は42％である。つまり残り58％の時間は使われていないということで、結果として医療機器の購入費用やレンタル支出で多大な無駄が発生していると指摘している。世界経済フォーラムによれば、同社は医療機器の平均稼働率を75～80％にまで上げることを目的としている。実際にコヒーロのサービスを利用した病院は、平均して１００万～２００万ドルのコストを削減し、２０１４年末時点では、米国の５大病院系列のうち、２つがコヒーロを利用しており、米国の健康保険加入者の15％をカバーしている計算になるという[3]。

③ブラブラカー（自動車の空きシートのシェアリング）

２００６年にフランスのパリで創業された長距離ライドシェアリングサービスである。対象となる稼働率の低い資産は自動車の空きシートである。ヨーロッパを中心に、ロシア、ブラジル、インド、メキシコでもサービスが提供されている。

たとえばある人が、仕事の関係で週末の土曜日にロンドンからマンチェスター（約３００㎞）

まで自家用車で移動し、翌週月曜日にロンドンに帰ってくる予定があるとしよう。4人乗りの車に自分1人が乗るとして、ブラブラカーに登録することで残り3つのシートを行きも帰りも有効活用できる可能性が生まれる。利用希望者は同社のサイトにアクセスをして、移動日や出発地、到着地を入力すると、その日に同ルートを走るドライバーのリストと値段が表示される。値段は電車と比べて何分の一と安い。ドライバーが値段を自分で設定できるのが特徴で、これは後述するウーバーと違う。ただし他のドライバーがいくらでオファーしているかは確認できるので、実際はほぼ横並びの料金体系になっている。

ドライバー、利用者双方のもう1つの楽しみは、車内での話し相手になることである。べらべらしゃべるというのを英語ではblabと言い、日本語の「なんたらかんたら」を英語ではbla bla bla……と言うが、利用者は自分のおしゃべり度を「あまりしゃべらない（Bla）」「おしゃべりを楽しむ（Bla Bla）」「しゃべり始めたら止まらない（Bla Bla Bla）」の3段階で表明する必要がある。ドライバーと利用者はその情報を共有して車内での会話も楽しむという仕組みである。ある調査によれば、フランスでブラブラカーを利用した人数を3カ月間調査したところ、ユーロスターの利用者の5倍に達していたとのことである。

④ジャストパーク（駐車スペースのシェアリング）

２００６年にロンドンで創業された駐車スペースのシェアリング・サービスである。シェアリングの対象は駐車スペースである。同社によれば、平均的な英国人は人生で１０６日分を駐車スペース探索に使っていて、これは英国経済に対して年換算で毎年63億ポンドもの生産性の損失を生み出し、さらには道路混雑も30％悪化させているという。

このサービスでは駐車スペースを探している人と、駐車できる空きスペースを持っている人のマッチングを行う。空きスペースには民間や公共駐車場だけでなく、個人の駐車スペースもリストアップされている。たとえば息子が旅行で車を1週間使っていてその間は自宅の駐車スペースが空いているという場合、それを誰かに貸し出すことも可能である。他の提供者による近隣の貸出料金の相場を確認しながら、自分の提供する駐車スペースの価格を設定する。同社ホームページによれば、登録ドライバー数は１５０万人以上で、２万カ所以上で駐車サービスが提供されているという。２０１１年にはＢＭＷのベンチャーキャピタル子会社が同社に対して25万ポンドの出資をしたことでも話題になった。

⑤トゥーロ（自動車のシェアリング）

２００９年、米国ボストンにてリレイライズという名前で創業された企業で、自動車の

P2P（ピアツーピア）レンタルサービスを提供するためのプラットフォームを提供している。2015年に名前をトゥーロに変えた。P2Pつまり個人が個人に車をレンタルするための仲介で、シェアリングの対象は個人所有の自動車である。個人が車の貸し手であるため伝統的な自動車レンタル会社と違って極めて多様な車種の車が登録されていることが特徴である。ポルシェ、フェラーリ、テスラといった高級車から（レンタル日額は600〜1000ドル程度）、レンタル日額20ドル程度の車までラインナップが非常に幅広い。

2012年には自動車メーカーのGMとパートナーシップを結び、GMが提供するOnstarサービスを利用することで、GMの自動車オーナーが、自分が車を使っていない時に簡単にレンタルできるようにした（注：しかしこの提携は2013年に解消）。

同社は創業当初からどちらかといえば短時間のレンタル仲介に集中していたが、現在は旅行客に対する長期間のP2Pレンタル事業に注力するようになった。その結果同社で自動車を借りる顧客の平均レンタル日数は5日以上になったという。

協働型エコノミーとは

次にボッツマンが呼ぶところの、協働型エコノミーについて見てみよう。協働型エコノミーとは「分散型ネットワーク／市場のうえで機能し、伝統的な中間業者を回避しながらニーズと資産を持つ者のマッチングを行うことで、あまり活用されていない資産の価値を解き放つ経済システム」である。そしてこの定義に該当する例として以下の企業が挙げられている。

①エッツィー（クラフト商品のオンライン・マーケットプレイス）

２００５年、自作の家具を販売したいと考えていたロバート・カリンらによって創業されたオンライン・マーケットプレイス。アマゾンやｅＢａｙとは異なり、自身のクラフト作品を販売したいという人（通称クラフター）にその場所を提供した。個人が作ったクラフト製品が出品されていることから、そのユニークさ、多様さはアマゾンをしのぐとも言われている。またそのクラフト作品を作った人の写真や紹介文が掲載されていて、製作者と直接コンタクトをとって自分だけのカスタム商品の製作を依頼することもできるなど、購入者と製作者が直接つながることが特徴である。

２０１５年に同社が株式公開をした時点で、アクティブ販売者数が１４０万人、購買者は２０００万人以上いて、エッツィーを通じて販売した商品売上総額は年間20億ドル以上にのぼっていた。しかしニューヨーク・タイムズによれば、株式公開が同社の大きな転換点になった。投資家からの短期的な収益要求と、同社の企業理念が衝突したのである。(4) 業績拡大のために小売事業者の参加も認めるなど、クラフターの聖地としての位置づけは揺らいでおり、ベテランクラフターのなかにはエッツィーでの販売をやめた人も増えているという[5]。2017年にはCEOの辞任や同社初となる従業員の解雇が行われるなど苦難の時期を迎えている。

②キックスターター（クラウドファンディング）

2009年に米国で創業されたクラウドファンディング企業である。映画や音楽、ゲームなどのクリエイティブ・プロジェクトの資金需要と資金提供者（支援者）をマッチングする。資金需要者は自分のプロジェクトの概要と集めたい目標金額を、期限や資金提供者への特典とともに同社プラットフォーム上に掲載する。その目標金額に達すればそれを超えた分も含めて資金を入手できるが、目標に達しなかった場合は1円も手に入らない仕組みである。集まった資金は寄付と同じ扱いであり、返済の必要はないが、資金拠出額の多寡によって各種特典が約束されている。たとえばあるPCゲームの開発プロジェクトに20ドル以上拠出すると、そのゲームが完成した暁には、ゲームのコピーを入手できること、またゲーム内で表示されるクレジットに名前が載るといった特典が提示される。

同社ホームページによると、これまでに38万件以上のクリエイティブ・プロジェクトが資金提供を募っていて、目標金額以上に資金を集められた成功プロジェクトの比率は36％だという。[6] 同社を活用した成功事例としてはPebble Timeスマートウォッチ、映画版の「ヴェロニカ・マーズ」などがある。[7]

同社はアマゾンと提携し、キックスターター経由の資金で制作された製品を販売するための専用サイトがアマゾン上で開設されている。[8] これによって商品の流通面、マーケティング面でもクリエイターは強力なバックアップを得ていると言える。２０１７年9月からは日本でもサービスを提供している。

③ヴァンデブロン（P2Pの再生可能エネルギー・マーケットプレイス）

２０１３年にオランダで創業されたＰ２Ｐの再生可能エネルギー・マーケットプレイスである。同社自身は再生エネルギーを生産しておらず、再生可能エネルギーに関心がある消費者・事業者が、同社のホームページに掲載されているリストのなかから再生可能エネルギーの生産者（典型的には農家）を選んで直接購入することができる。ヴァンデブロンは生産者と消費者の両者から定額の月額登録費を徴収するビジネスモデルである。風力、水力、バイオ、太陽光発電を対象としている。２０１６年初頭の時点ではオランダ国内で7万５０００世帯がヴァンデブロン経由で再生可能エネルギーを購入している。[9]

④トランスファーワイズ（P2P海外送金サービス）

２０１１年にロンドンで創業されたＰ２Ｐの海外送金プラットフォームである。日本でも２０１６年からサービスが提供されている。この仕組みのユニークなところは、海外送金を目的としている人を対象にしているにもかかわらず、実際には海外送金を行わずに目的を果たしている点である。たとえばA氏が日本から英国に10万円を送金したいとする。その場合トランスファーワイズの日本口座に10万円を振り込む。するとそのお金が海外送金されるのではなく、同社の英国口座から、A氏が指定した英国内の銀行口座に10万円相当のポンドが振り込まれるという仕組みである。この裏側では、英国から日本への送金を考えているB氏がいて、その人はトランスファーワイズの英国口座にお金を振り込んでいる。そしてA氏が日本で振り込んだお金が、B氏指定の日本の銀行口座に振り込まれるのである。ただし実際はこのような単純な1対1のマッチングではなく、多対多のマッチングが行われている。

同社が顧客を急速に引きつけている最大の要因は、手数料が銀行と比較して非常に安いことである。同社ホームページによると、銀行経由で海外送金をした場合の手数料は同社の最大8倍になることもある。トランスファーワイズは市場為替レート(10)を採用しているのに対して、銀行は海外送金にあたって為替手数料を乗せたレートを採用している点が大きく異なる。

協働型消費とは

ボッツマンによれば、協働型消費とは「レンタル、貸出、交換、共有、物々交換、贈与などの伝統的な経済行動を技術によって刷新したもので、インターネット以前では手法的、規模的に実現不可能だった」仕組みを指す。この定義に該当する例として以下の企業が挙げられている。

①ゾーパ（P2Pレンディング）

2005年に英国バッキンガムシャーで創業されたP2Pレンディング（金貸し）で、この分野の最古参と言われている。P2Pつまり個人間の金銭の貸し借りを仲介するプラットフォームである。貸し手は最低でも1000ポンド（約15万円）以上を拠出する必要があって、ゾーパは拠出金を（10ポンドずつなどに）細かく分けて、別々の案件に分散して融資を行う。2つの商品がある。ゾーパコアは年率換算で3・7％のリターン（ゾーパへの手数料差引後）、ハイリスク案件への融資であるゾーパプラスは年率換算で4・5％のリターンが得られるという。同社によれば、2016年末から借り手よりも貸し手の数が多い状態が続いているため、貸し手の応募を中止していて、スポット的に応募を再開している。貸し手希望者はホームページで連絡先を入力し、同社から連絡が来るのを待つ状況となっている。

フィナンシャル・タイムズによれば、ゾーパで借り手となる個人はリスクが低い人が大半で、平均貸出金利はこれまで10％を超えたことがなく、２０１３年には平均５・６％という低金利で融資をしていた。[11] しかし２０１４年から貸出金利は徐々に上昇傾向にあって、２０１７年には８・８％にまで上昇していることから、リスクが高い個人をポートフォリオ内に組み込み始めたのではないかと考えられている。２０１６年、同社はオンラインバンクを設立すべく、英国金融当局への認可申請プロセスを始めたことをアナウンスした。

②ジップカー（自動車レンタル）

２０００年に米国で創業された自動車シェアリング会社である。トゥーロのような個人間（P２P）の自動車シェアリングではなく、同社が保有する車をレンタルするという意味で、従来型の自動車レンタル業に近いが、モバイル機器とデジタル技術を活用してビジネスモデルを刷新した。まず同社ホームページでユーザー登録をする。登録が認証されるとジップカードと呼ばれるカードが送付される。次に、利用したい場所の近くにある自動車を検索する。伝統的なレンタカー会社と異なり、ジップカーの車は営業所ではなく町中の公共駐車場や民間駐車場に分散している。最小1時間、最大7日間まで借りることが可能で、ホームページ上で予約をしたらその場所（駐車場など）に行く。スタッフはおらず、利用者はジップカードを車の窓の近くにあててカギの開け閉めを行う（モバイルアプリでも可能）。保険代やガソリン代も料金に含まれていて、ガソリンが足りなくなった場合は、車中にあるクレジットカードを使って補充する。

２０１３年、大手レンタカー会社のエイビスが約5億ドルの価格でジップカーを買収し傘下におさめた。２０１７年11月時点で、米国をはじめとした世界10カ国で１００万人以上の会員を集め、１万２０００台の車をシェアしているという[12]。また同社ホームページによれば、6秒に1台の割合で世界のどこかでジップカーの車が予約されていること、またジップカー会員は、車を所有することと比べて平均すると月６００ドルのコスト削減ができているとのことである。

③スレッドアップ（古着の再販）

２００9年に米国で創業された古着の再販プラットフォームである。創業者のラインハートは当初男性用のシャツを扱っていたが、その後子供服でのニーズが高いことに気づき、現在は子供服と女性用の古着や靴・ハンドバッグ、宝石類の再販で世界最大のマーケットプレイスに成長している。提供者と買いたい人が直接やりとりをするのではなく、スレッドアップ社の倉庫を経て選別されたものだけがマーケットプレイスに掲載される。

古着を提供したい人は同社のホームページにアクセスし、古着を詰めるためのプラスチックバッグを自宅に送ってもらうよう依頼するが、3つの選択肢がある。寄付用のバッグ、無料のスタンダードバッグ、有料のバッグである。有料のバッグ（16ドル）はスレッドアップ社に到着後すぐに処理され、古着代の入金もすぐ行われるのに対して、無料のスタンダードバッグの場合、同社で処理され入金が行われるまでに7週間程度かかる。

同社の2017アニュアル・レポートによると、同社に送られたアイテム数は2014年の200万から2016年には1400万アイテムへと急拡大している。また同社のサイトから頻繁に購入する顧客の10％は、純資産額100万ドル以上の富裕層である。さらに同社のアンケート調査によれば、所得が高い人ほど古着を試してみたいと回答しているというデータもあり、同社は新しい「高所得倹約家」が登場していると分析している。(13)

④フリーサイクル（リサイクル・ネットワーク）

2003年に米国で創業された非営利団体のリサイクル・ネットワークである。世界中に5000以上のグループが形成され、900万人以上が会員になっている。(14) 会費は無料で、出品する品物も無料でやりとりされる。同団体のミッションは、「世界中でシェアリングの潮流を作ることで廃棄物を減らし、貴重な資源を救い、ゴミの埋立地の負担を軽減する。また同時に我々の会員がより大きなコミュニティから便益を受けられるようにすること」である。同団体は世界中でグループ形成を奨励していて、地域ごとのグループ承認者が承認をしたグループは、フリーサイクルのウェブサイトに掲載され、同団体の名前やロゴなどを使用することができる。フリーサイクルを利用したいという人は、自分の地域にグループがある場合はそこに参加し、自分の不要物を提供する、もしくは自分が欲しいと思ったものを入手することができる（提供や入手のルールはグループごとに異なる）。同団体は企業や個人からの寄付、またグーグル広告などの収入で運営されている。

『ガーディアン』誌は、フリーサイクルの仕組みを「みんなが同時に贈与することで世界を変える」ものだと表現していて、同団体の仕組みは慈善事業ではなく、むしろ贈与経済の例だと述べている[15]。

オンデマンドサービスとは

ボッツマンによれば、オンデマンドサービスとは「顧客のニーズと提供者を直接つなぎ合わせて、瞬時に商品やサービスを提供するプラットフォーム」である。そしてこの定義に該当する例として以下の企業が挙げられている。

①インスタカート（オンデマンド食料品配達）

２０１２年に米国のサンフランシスコで創業されたオンデマンドの食料品配達サービスである。利用者はＰＣやスマートフォンなどから同社のサイトにログインする。郵便番号を入力すると、ホールフーズやコストコなどそのエリアで食料品が買えるお店のリストが表示されるので、そこから買いたい食料品を選択する。その後デリバリーの時間指定と支払いをすると、同社と個人契約をしているショッパーと呼ばれる人がお店に行き、それらの食料品を調達し、利用者の住所まで運搬するという仕組みである。食料品配達サービスがオンデマンドで行われ、それを配達する人も正社員ではなくオンデマンドの労働者である。ただし近年同社はビジネスモデルを転換している。サービス品質の低下懸念から、買い物を担当するショッパーは自社の社員として小売店内に常駐させ、袋に入れた商品を独立契約のドライバーに渡すというモデルへの転換である。この転換は現在途上であるが、ホールフーズなどいくつかの小売店ではインスタカート専用のレジがすでに設けられている。

小売店にとっては、天気が悪い日などに客足が落ちてもインスタカートからの注文がそれをある程度補ってくれるという利点があるため、小売店、消費者、労働力を提供したいドライバーの3者にメリットを提供した仕組みだと言える。

②ウーバー（オンデマンド配車）

2009年に米国のサンフランシスコで創業されたオンデマンド配車サービスである。スマートフォンのアプリで、現在位置と目的地、乗りたい車のサイズを入力すると、価格と車種、ドライバーの写真などが送られてくる。ウーバーの革新的な点は、事前にクレジットカードを登録しておくことで、降車時に支払いをする必要がないこと（領収書は事前登録したメールアドレス宛に送られる）、また料金が乗車前に決まっていることである。利用者は乗車後にドライバーを評価し、ある一定基準よりも評価が低くなったドライバーは強制的にサービス提供が停止されるなどの措置がとられる。

ウーバーのドライバーは社員ではなく自分の空き時間を活用する独立請負者だとされているが、世界の各所でウーバーのドライバーによる集団訴訟が起こり、シェアリング・エコノミーにおけるオンデマンド労働提供者の位置づけが曖昧であることを世界に印象づけることとなった。ルートや料金は会社が決めていること、またウーバーの定めたサービス水準に達していないとみなされたドライバーには厳しいペナルティが科されているなど、ドライバーに自律性が与えられておらず、独立請負者ではなく社員として扱われるべきだという主張である。２０１６年、ロンドンの裁判所はドライバーの主張を認める判断を下した。また同じく２０１６年、米国のカリフォルニア州とマサチューセッツ州では、ドライバーに総額１００億円程度の和解金を支払うことが決まるなど、ウーバーにとっては厳しい逆風が吹くことになった。

２０１７年11月現在、ウーバーのサービスは世界６３２都市で展開されている。同社は２０１７年、創業来初めて自社の財務成績を公開したが[16]、それによれば２０１６年の取扱額は２００億ドル、純売上高は65億ドルで28億ドルの調整後損失を出しているという。

同社はレストランの料理をオンデマンドで配達するウーバー・イーツというサービスを２０１５年から開始している。利用者は携帯のアプリからレストランと料理を選択すると、ウーバー・イーツの配達員が自転車かスクーターでレストランに料理を取りに行き、指定された住所まで配達をする。アプリによって配達員がどこにいるかオンタイムで確認できる仕組みである。フィナンシャル・タイムズによれば、ウーバー・イーツの業績は創業以降急拡大をしていて、本業の配車サービスが逆風にあっているなかで、２０１７年第２四半期では全社の10分の１の取扱額を占めるようになったという[17]。

③ワシオ（オンデマンド洗濯代行サービス）

２０１３年に米国ロサンゼルスで創業されたオンデマンドの洗濯代行サービスである。都心部に住んでいて普段はコインランドリーを利用しているような人をターゲット層にした。同社は洗濯設備を一切持たず、スマートフォンアプリ上で、サービス利用者、クリーニング店、オンデマンドの配達員（洗濯物のピックアップと返却）の３者を結びつける（洗濯物の仕分けは同社の従業員が行っている）。オンデマンドの配達員は「ニンジャ」と呼ばれている。洗濯物のピックアップ時間と返却時間をユーザーが指定でき、24時間以内の返却をうたっていて、申し込みから30分以内のピックアップ依頼も可能である。利用者は洗剤の種類や洗濯方法もアプリで細かく指定できる。料金は配送料が５・99ドル、洗濯物の重さ１ポンド（約４５０グラム）につき2・15ドル、さらに追加のサービスが必要な場合はその料金が加算される仕組みである。

最盛期には米国内でボストン、ロサンゼルス、シカゴ、サンフランシスコ、オークランド、ニューヨーク、ワシントンＤＣの７都市にまで事業拡大をし、「洗濯業界のウーバー」とまで呼ばれるようになったが、資金繰りの悪化から２０１６年に事業を閉鎖している。その原因として、そもそも洗濯にそこまでの迅速性、オンデマンド性が必要だったのかという疑問や（実際、オンデマンド洗濯代行サービスは同社以外も次々と倒産している）[18]、細かい仕分けの手間に

図表4-2　広義のシェアリング・エコノミー

分類	定義
（狭義の）シェアリング・エコノミー	**あまり使われていない資産**を無料もしくは料金つきで**直接個人／個別事業者からシェアしてもらう**経済システム
協働型エコノミー	分散型ネットワーク／市場のうえで機能し、**伝統的な中間業者を回避しながら**ニーズと資産を持つ者のマッチングを行うことで、あまり活用されていない資産の価値を解き放つ経済システム
協働型消費	レンタル、貸出、交換、共有、物々交換、贈与などの**伝統的な経済行動を技術によって刷新**したもので、インターネット以前では手法的、規模的に実現不可能だった
オンデマンドサービス	顧客のニーズと提供者を直接つなぎ合わせて、**瞬時に商品やサービスを提供する**プラットフォーム

想定以上の労働力が必要になっていたこと、またクリーニング店が負担していないピックアップ／配達費用を負担するなどコスト的にも従来型のクリーニング店に対する競争優位性がほとんどなかった、といった点が指摘されている。

ボッツマンの定義を改めてまとめると図表4-2のようになる。これらの4分類はオーバーラップしている点もあるが、特にポイントになる点を太字で強調した。本書ではこの4分類すべてを広義のシェアリング・エコノミーとみなしたいと思う。世界中でシェアリング・エコノミーと呼ばれているサービスのほとんどは、4分類のどれか1つだけに該当するというよりは、多かれ少なかれ4分類の複数の領域にまたがっていることが多い。

この定義を補足すると、シェアリング・エコノミーでシェアされる資産は有形資産に限らず、各人が持つスキルなどの無形資産も対象となる（実際、スキルシェアという会社も存在している）。さらに有形資産と無形資産の両方をシェアすることで「体験」を提供している会社もある。米国のクラッシュパッドという会社は、ワイン愛好家が自分自身でワインを生産するための器具やノウハウを会員に「シェアリング」している。メンバーはワイン畑に足を運び、専門家のアドバイスを受けながら搾汁、熟成、ボトル詰めを行うのである。また製造した自分のブランドのワインをクラッシュパッドのサイトを通じて販売することもできる。個人がワイン畑やワイン製造機器を所有しようとすれば莫大なお金がかかるし、そもそもそのノウハウを持っていない。しかしクラッシュパッドを通じて、そういった専門家でない人々が自分のワインブランドを作る「体験」ができるのである。(19)

シェアリング・エコノミーの向き／不向き領域

（狭義の）シェアリング・エコノミーについて、「あまり使われていない資産を直接個人／個別事業者からシェアしてもらう」システムだと定義したが、すべての資産がシェアリング・エコノミーに適しているというわけではなく、資産の特徴によってシェアリング・エコ

図表4−3　資産の4分類およびシェアリング・エコノミーと相性がよい領域

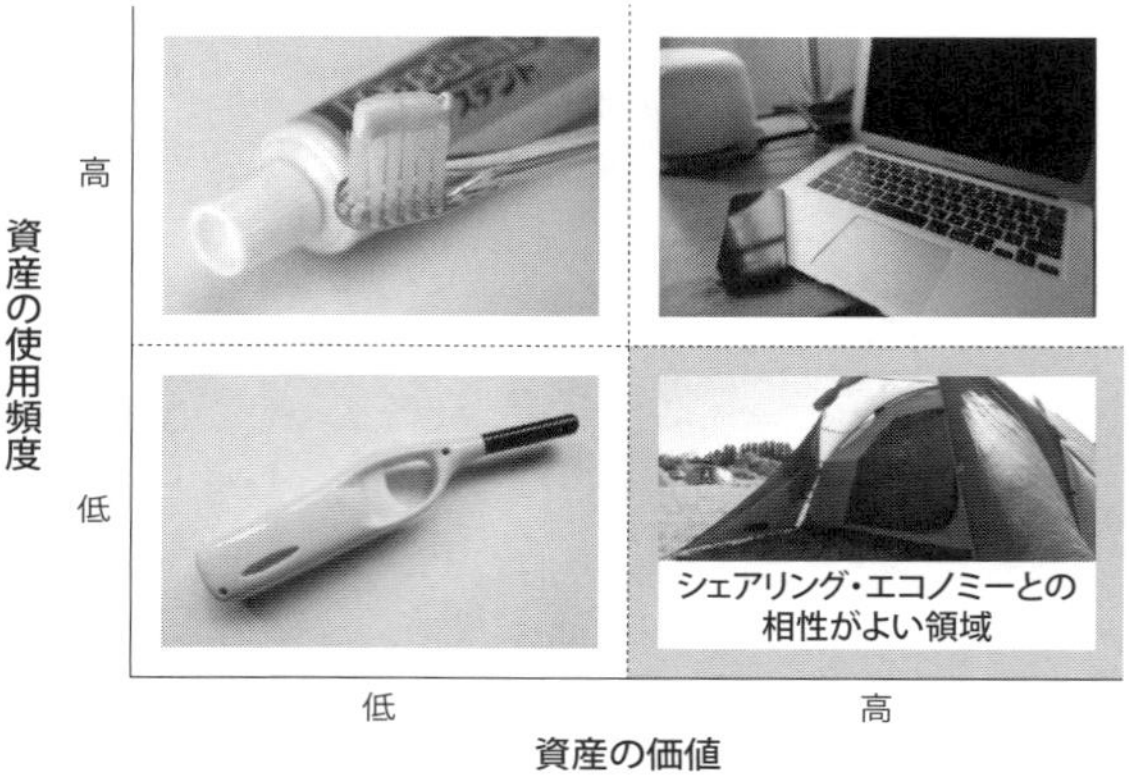

（出所）リサ・ガンスキー『メッシュ』（徳間書店、2011年）をもとにNRI作成

ノミーの向き／不向きがある。

リサ・ガンスキーは横軸に資産の価値、縦軸に資産の使用頻度をとって、右下の領域がシェアリング・エコノミーとの相性がよいとしている（図表4－3）。つまり価値が高いが使用頻度が低い資産である。注意すべきは、同じ資産であっても使用頻度によって象限が変わるケースがあり得る。たとえば住宅を例にとると、家族が1年中家を空けずに使用していれば、その家は右上の領域だが、1年に1週間しか使わないような別荘は右下の領域に入る。

ニューヨーク大学のアルン・スンドララジャンは、このフレームを拡張し、「顧客特定性（カスタマイズ度の高低）」、「要する習熟度」もシェアリング・エコノミーとの相性に関係すると述べている[20]。個人向けのカスタマイズ度が高い資産（例：特注のウェディングドレス）はシェアしにくい。また習熟するのに時間がかかるような商品（例：ギター）はシェアリングよりも手元に置いておきたいというニーズが強くなるからである。

消費の効率性／充足性

シェアリング・エコノミーは消費に変革をもたらすシステムである。そこでここでは「消費の効率性」という概念について考えてみたい。20世紀前半はフォーディズム、テイラーイズムの流れをきっかけに「生産性」（プロダクティビティ）という言葉が生み出され、いわゆる生産性革命が起こった。それに対してシェアリング・エコノミーは、消費に効率性のような概念を持ち込んだと言えるだろう。

消費の効率性は2つの視点で考えることができる。1つ目は財・サービスを主語にした視点である。たとえば自動車を例にとれば、その稼働率の高低である。1週間のうちにのべ2時間しか稼働していないのか、シェアすることでその車が週50時間使用されたのかといった視点で、これは客観的に把握できる。

しかし消費の効率性にはもう1つ別の意味がある。それは消費者を主語にした視点である。

つまり、自分が費やした時間・費用に対してどのくらいの消費者余剰が得られるのか、といった意味での効率性である。ただし前述したように消費者余剰は主観的な概念であるため、効率性というよりは充足性といった方が適しているかもしれない。消費の充足性とは、自分がその活動に投入した時間（あるいは費用）当たりの消費者余剰を高めようとする試みに他ならない。生産性は投入時間・費用を分母に、生み出された付加価値を分子に比率をとるが、消費の充足性（効率性）は、投入時間・費用を分母に、生み出された消費者余剰を分子に比率をとる。20世紀が生産面での革命の時代だとすれば、21世紀の現代社会は消費面での革命の時代になると言えるのかもしれない。さらに言うと、これまで本書では過去の経済学の慣習に従って「消費」「消費者」「消費者余剰」という言葉を使っているが、シェアリング・エコノミーは「消費」から「使用」へと価値観をシフトさせており、消費面での革命とは、結果として消費という言葉の重要性を低めて、「使用」「使用者（ユーザー）」「使用者（ユーザー）余剰」といった言葉の重要性を高めると考えている。

少し横道にそれるが、経済学には「多様性選好（love of variety）」という概念がある。簡単に言えば、選択肢が多いほど消費者の満足度が高くなる、という意味なのだが、後にノーベル経済学賞を受賞するポール・クルーグマンは、この概念を貿易理論に取り込み、なぜ同じカテゴリーの製品（例：自動車）でも、国の間で多様な製品群が取引されるのか、を理論的に説明した。[21] それまでの貿易理論では、各国の技術力の差異と、経営資源（資本、労働力等）の差異によって二国間の貿易パターンは決まるとされていたのに対して、クルーグマンはそれだけでは説明できない現実の貿易パターンを説明した。つまり現実世界を見ると、機能面でも価格面でも競争力がなさそうに見える外国製品であっても、ある一定数は輸入されているという現実を、多様性選好の概念を導入して説明したのである。

シェアリング・エコノミーの台頭、あるいは所有からアクセスへの価値観の変化は、ある意味で多様性選好を消費全般で表現したとも言える。選択肢の増加、しかも多くの場合所有と比べても利便性を損なうことなく費用も安くなる、さらに環境にも優しいとしたら消費の充足性が高まらないはずがない。

資本主義とシェアリング・エコノミー

シェアリング・エコノミーを資本主義のレンズで見てみよう。先ほど紹介したシェアリング・エコノミーの事例からわかるように、大半のサービスは「差異を発見・活用・創出する」という資本主義の定義の範疇にある。未稼働資産をシェアすることで利潤を獲得し資本を蓄積するというビジネスモデルは、金貸し資本主義の特徴を持っている。金貸し資本主義とは、今お金が必要だがそれを持っていない人と、お金を持っているが今は使う必要がない人を仲介することで利潤を獲得する仕組みだが、お金を「自動車」「宿泊場所」に置き換えればシェアリング・エコノミーにそのままあてはまる。

確かにお金は複数の用途に使える普遍的な交換手段そのものである。それに対してシェアリング・エコノミーの場合は、特定の財・サービスを直接交換する点が異なる。とはいえウーバーやエアビーアンドビーなど現在提供されているシェアリング・エコノミーの多くは、デジタル資本主義の一端として生まれた仕組みであると同時に、資本主義第1段階の商業・金貸し資本主義の特徴も持っていると言えるだろう。

しかし、それだけではない。先ほど協働型消費の例で紹介したフリーサイクルネットワークのように、貨幣の蓄積を伴わない純粋な贈与型サービスや物々交換サービスもシェアリング・エコノミーの範疇として含めるのであれば、資本主義ではない特徴も同時に併せ持っていると言える。

文明評論家のジェレミー・リフキンは、資本主義とシェアリング・エコノミーの関係について、資本主義を親、シェアリング・エコノミーを子供と呼んでいて、親の資本主義が子供のシェアリング・エコノミーを吸収したり、コントロールしたり、別の形に変えようとするかもしれないし、お互いが競合するかもしれないと述べている。(22)

シェアリング・エコノミーの規模を何で測るか

シェアリング・エコノミーは我々の経済にどのくらい浸透しているのだろうか。実はこの問いに答えることは非常に難しい。第1に、定義が明確ではないため、どこまでをシェアリング・エコノミーに含めてよいかのコンセンサスが得られていない。第2に、仮に定義を決めたとしてもシェアリング・エコノミー企業の大半が非公開企業のため事業に関する情報が得られにくい。第3に、実はこれが一番の問題なのだが、どんな指標を使ってシェアリング・エコノミーの規模とみなすかが難しいのである。この点は、我々の資本主義が産業資本主義からデジタル資本主義という異なる仕組みに移行していることとも関係している。つまり産業資本主義時代の指標（売上高、GDP）ではそもそもシェアリング・エコノミーの活動規模を評価しづらいのである。以下にその理由を説明しよう。

仮にシェアリング・エコノミー企業（プラットフォーマー）の売上高データが入手できたとして、各社の売上高を足し合わせてシェアリング・エコノミーの市場規模とするのは間違っている。P2Pの自動車シェアリング事業（例：トゥーロ）を例にその理由を考えてみよう。ここにはプラットフォーマー（トゥーロ）、自動車の貸し手（ユーザーA）、自動車の借り手（ユ

図表4-4　シェアリング・エコノミーの生産者余剰／消費者余剰（トゥーロの場合）

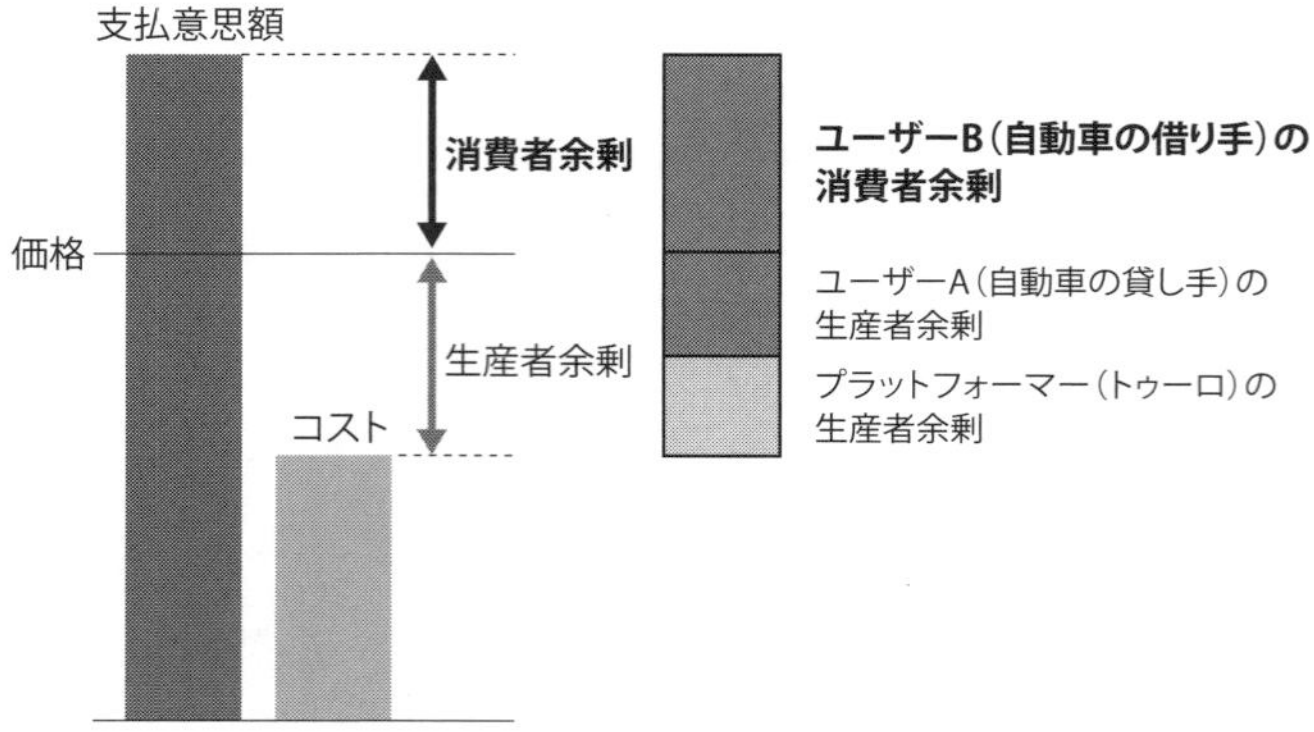

（出所）NRI

ーザーB）の3者が登場する。まずこのサービスが生み出している金銭的な価値は、プラットフォーム企業の売上高に加えて、ユーザーAが車を貸すことで得られる収入もある。この合計値が第3章で紹介した生産者余剰に該当する。シェアリング・エコノミーはプラットフォーム企業とユーザーの両者で生産者余剰を生み出し、それを分け合っているのである。これは産業資本主義の生産の仕組みと根本的に異なる。産業資本主義のもとでは生産者余剰は生産者が単独で生み出していた（他社とのアライアンスによって生み出していたとしてもそれは2つの生産者が生み出したことになる）。しかしシェアリング・エコノミーでは、プラットフォーマー（生産者）とユーザーの一部（消費者）が協働して生産者余剰を生み出しているのである（図表4-4）。

プラットフォーム事業では、その参加者の集団を「サイド」と呼ぶ。トゥーロのように2種類のユーザー（車の貸し手と借り手）がプラットフォームを利用する場合は2サイド・プラットフォームと呼び、インスタカートのように3種類のユーザー（食料小売店、配送ドライバー、食料を注文する消費者）がいる場合は3サイド・プラットフォームと呼ぶ。(23) そして、プラットフォーム企業だけが生産者余剰を生み出し、「サイド」が消費者余剰を得るという単純な図式ではなく、生産者余剰を生み出すサイドと消費者余剰を得るサイドが複雑に入り交じっているのである。先ほどシェアリング・エコノミーによって消費から使用へと価値観が変わる点を指摘したが、シェアリング・エコノミーの価値評価にあたっては、「使用者（ユーザー）余剰」「プラットフォーマー余剰」という区分も可能である。

いずれにせよ、シェアリング・エコノミー事業者（プラットフォーマー）の財務成績だけに注目していたら、そのサービスがもたらしている価値の全体像を正確に捉えていないことに変わりはない。

また協働型消費のところで紹介したフリーサイクルのように、そもそも金銭のやりとりが発生していない贈与経済の仕組みもシェアリング・エコノミーの範疇に含めるとしたら、そこで発生しているのは消費者余剰だけである。スンドララジャンは、シェアリング・エコノミーは市場経済と贈与経済にまたがる仕組みだと述べているが、(24) その意味では、第3章で紹介したように生産者余剰と消費者余剰の合計である総余剰こそが、(技術的には難しいとはいえ) シェアリング・エコノミーが生み出す価値の全体像を見る理想的な概念なのである。

既存プレイヤーへの影響

第3章でデジタル音楽配信企業がもたらすデジタル・ディスラプションに触れたが、シェアリング・エコノミー企業も、伝統的な事業者に破壊的な影響を及ぼしている可能性がある。エアビーアンドビーは、消費者に対しては幅広い選択肢を提供し、ホテルが満室で泊まれない場合は補完的な役割を果たしているが、多くの場合、既存のホテルと競争している。ニューヨーク市のホテル協会は、2015年10月に「エアビーアンドビーがニューヨーク市の宿泊市場と経済に及ぼす影響」と題するレポート(25)を発表した。それによると、2014年9月から2015年8月までの1年間に、エアビーアンドビーの存在によって、ニューヨーク市経済は21億ドルのマイナスの影響を受けたとしている。この内訳には既存のホテル事業者の機会損失だけでなく、関連事業(食事、飲料、建設)分野の機会損失、さらには税当局から見た税収の減少分などが含まれている。

直接脅威を受けているホテル協会が発表したレポートなので、インパクトの大きさは割り引く必要があるだろう。またエアビーアンドビーが補完的な役割を果たすケースは考慮されていないように見える。つまり、観光のハイシーズンで既存のホテルがすべて満室の時期であっても、ニューヨーク市内のエアビーアンドビー物件が宿泊場所を提供してくれるのであれば、その旅行客はニューヨーク市に実際に来訪し、さまざまな支出をすることでニューヨーク市経済に貢献する可能性がある。さらにエアビーアンドビーに限らず民泊需要があると考えられる観光地では、投資家が空き家を購入・改築し旅行客に貸し出すことが増えるので、そのエリアの不動産価格が高騰するといった間接効果もある。つまり直接競合しているホテルに対してはネガティブな影響を与えている一方で、マクロ経済全体になるとプラスとマイナス両方の複雑なメカニズムが働くため、一概には判断が難しいのである。

ウーバーなどのライドシェアリングサービスがタクシー業界にもたらしている影響はどうか。米国では、タクシーライセンス（メダリオンと呼ばれている）の市場価格が劇的に低下したことがまず挙げられる。米国のタクシー業界ではライセンス数が厳しく制限されているため、タクシードライバーの数は増えず、メダリオンの取引価格が２０１３年頃まで上昇し続けていた。しかしメダリオンを必要としないライドシェアリングサービスの登場によって、メダリオン価格が暴落したのである。たとえばニューヨーク市では２０１３年のピーク時に１００万ドルの値をつけていたものが、２０１５年には65万ドルにまで落ち込んだ。さらにタクシー利用者数も減少している。2012年から2014年の間に、ニューヨーク市ではタクシー利用者数が8％減少した。サンフランシスコ市は影響が極めて大きく、同期間中にタクシー利用者数が65％減少したという[26]。

ホテルやタクシーなどの既存の事業者にとっては、規制による追加コスト（例：安全性基準）を負担しなくてよいシェアリング企業は不当に有利な立場を得ていると感じるだろうし、競争相手として何よりも恐ろしいのは、シェアリング企業のキャパシティの上限や競争の土俵が見えづらいことである。ホテルを例にとると、通常の競争であれば、競争相手となるホテル会社が、たとえば客室数500の「目に見える」ホテルを近所に建設する。この場合は競争相手のキャパシティも目に見えるし、立地場所やホテルの質、あるいはどのホテルグループかといった情報から、おおよその価格水準やサービス水準が想像できる。そしてこういう「目に見える」競争相手であれば対抗戦略を打ち出しやすいのだが、エアビーアンドビーのようにその宿泊場所が散らばっていて、数がどこまで拡大するかもわからず、さらに価格もサービス水準もバラバラという「目に見えない」競争相手に対しては、どう対抗手段をとるべきか皆目見当がつかず、最終的には政府へのロビー活動に頼るということになってしまう。

消費者余剰の拡大

スンドララジャンは、Ｐ２Ｐ自動車レンタルサービスが米国経済に及ぼす体系的な分析を行っている。[27]それによるとＰ２Ｐ自動車レンタルによって車の所有離れが進むが、これは高所得者よりも低所得者の方が進む。また所有離れによって新車・中古車ともに相場は下がるが、新車よりも中古車市場の相場が下がる。つまりいずれにせよ生産者余剰は減少する。他方消費者余剰は年間数百億ドル規模で増加するが、特に低所得者層の方がその恩恵にあずかれるという。実際サンフランシスコにおける２０１４年のゲットアラウンド（注：Ｐ２Ｐ自動車レンタルサービスのひとつ）を通じた自動車の貸し借りのパターンを見ると、所得水準の低い地域に利用が集中している。[28]

シカゴ大学のスティーブン・レヴィットらは、ウーバーが生み出している消費者余剰の推計を行っている。[29]彼らの推計によれば、ウーバー利用者が１ドル支払うごとに１・６ドルの消費者余剰が発生していて、２０１５年にはウーバーＸ（セダン型自動車によるサービス）によって総計68億ドルの消費者余剰が全米で生み出されたという。

つまりシェアリング・エコノミーはどちらかといえば消費者余剰を拡大させる効果があり、

総余剰は結果として増加するとしても、GDPで表されるような生産者余剰については圧迫する傾向があると言える。

機会の平等化が進む

トマ・ピケティは『21世紀の資本』のなかで、長期的にみれば資本収益率が経済成長率よりも高く、この大小関係によって資本を持つ人はより豊かになり、経済的な格差は拡大し続ける、と述べている。スンドラジャンはこれに対して、「何を資本とみなすか」によって議論は変わってくると考えている。つまり金融資産を対象にするのであれば、確かに格差は拡大し続けるのかもしれないが、シェアリング・エコノミーが対象としている資産、すなわち未稼働の自家用車や自宅、はては自分のスキルまでを資本とみなせば異なる姿も見えてくる。金融資産を一切持たない人でも、アイデア次第ではクラウドファンディングを通じて資金を調達し、自分が保有しているスキルといった資本を活用して価値創造ができる世界をシェアリング・エコノミーは提供している。機会あるいはアクセスの平等化はむしろ劇的に進んでいるのである。[30] 第2章では資本主義と民主主義の対立構造が現れていることを紹介したが、シェアリング・エコノミーは機会・アクセスの平等化を進めることで、この対立を緩和する可能性がある。

シェアリング・エコノミーは「見えない」インフラ、つまり国民福祉の向上と国民経済の発展に必要なプラットフォームだという見方もできる。

たとえばエアビーアンドビーは、２０１２年に起こったハリケーン・サンディをきっかけに、災害時にその地域のホストが被災者およびボランティアに無料でシェルターを提供できる「オープン・ホーム・プログラム」を提供している。２０１７年11月時点でこのプログラムは70回以上提供されていて、２０１７年8月にテキサス州とルイジアナ州を襲ったハリケーン「ハービー」の際には、１０００軒以上のホストが無料シェルターとして自宅を開放した。「見えない」インフラとしてのシェアリング・エコノミーが、既存の物理的なインフラを補う形でアクセス可能性を高めている例だと言えるだろう。

「所有からアクセスへ」と変化する消費者の意識

シェアリング・サービスの普及の背景にある消費者の意識の変化に着目してみよう。ここでは日本の消費者に焦点をあててみる。長期的にみると、日本の消費者はモノを「持つ」こと自体へのこだわりが低下している傾向もみられ、いわゆる「所有からアクセスへ」と消費

図表4-5　レンタルやリースに対する抵抗感の変化

問	A. レンタルやリース（お金を出してものを借りること）を使うことに抵抗はない B. 自分の使うものは、なるべく買って自分のものにしたい （レンタルやリースは使いたくない）

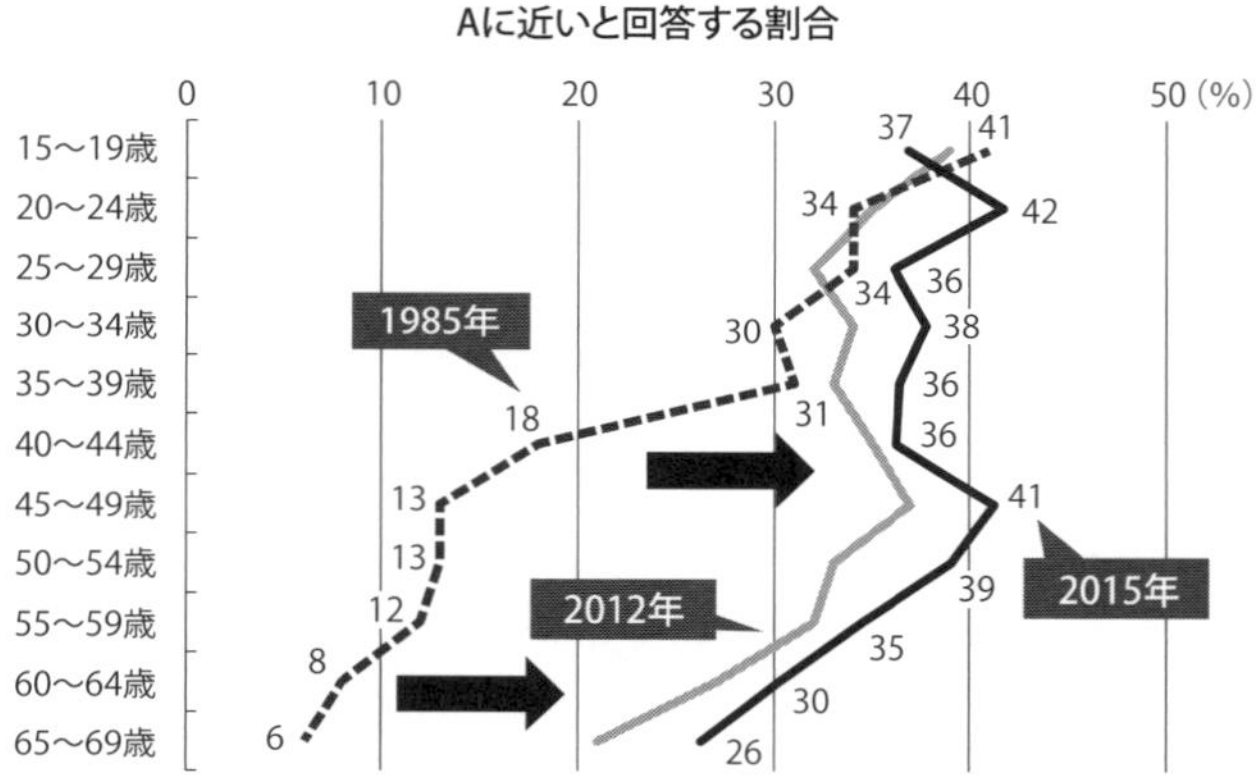

（注）1985年調査は全国の満15〜70歳の男女個人を対象に訪問留置法で実施（回収数は1,074人）、2012年、2015年調査は全国の満15〜79歳の男女個人を対象に訪問留置法で実施（回収数はそれぞれ1万348人、1万316人）。
（出所）NRI「生活者アンケート調査」（1985年）、NRI「生活者1万人アンケート調査」（2012年、2015年）

者の価値観がシフトしつつある。つまり必ずしも新品を購入するのではなく、使えれば借り物でも中古でもよいと思う人が近年では増えている。

１９８５年に実施された調査結果とＮＲＩ「生活者１万人アンケート調査」の結果を比較すると、１９８５年では40代以上でレンタルやリースを使うことに抵抗を感じる人が多い傾向にあったが、２０１２年ではレンタルやリースに抵抗がないと感じる40代以上の割合が大きく増えている（図表４－５）。これは、

1985年当時30代だった人が、30年近く経った2012年では60代になってもレンタルやリースへの抵抗感が強くならなかった結果、高齢者層においても抵抗がないと感じる人が一定の割合を占めるようになったからである。そして、2012年から2015年にかけては、10代を除くすべての世代でレンタルやリースに対する抵抗感がさらに薄れつつあることがわかる。

カーシェアリングサービスの普及

自動車業界では、最近、若者を中心に「自動車離れ」が危惧されており、危機感が強まっている。米国でもミレニアル世代と呼ばれる、1980年代から2000年代初頭までに生まれた人（2000年代以降に成人あるいは社会人になる世代）が環境問題・エコや人とのつながりを重視する傾向を背景に、カーシェアリングに対する志向性が高いと言われている。

「購入するのではなくレンタルやシェアリングでもよいか」を自動車について日本の消費者に尋ねた結果を比較すると、購入を選ぶ人（「買いたい」、「どちらかといえば買いたい」の合計）が2009年時点の54・8％から2017年には38・0％に大きく減少している。年代別にみると、20〜30代を中心に購入を選ぶ人が減少している傾向がみられ、若者の自動車離れを

図表4-6　購入するのではなくレンタルやシェアリングでもよいか（**自動車**）

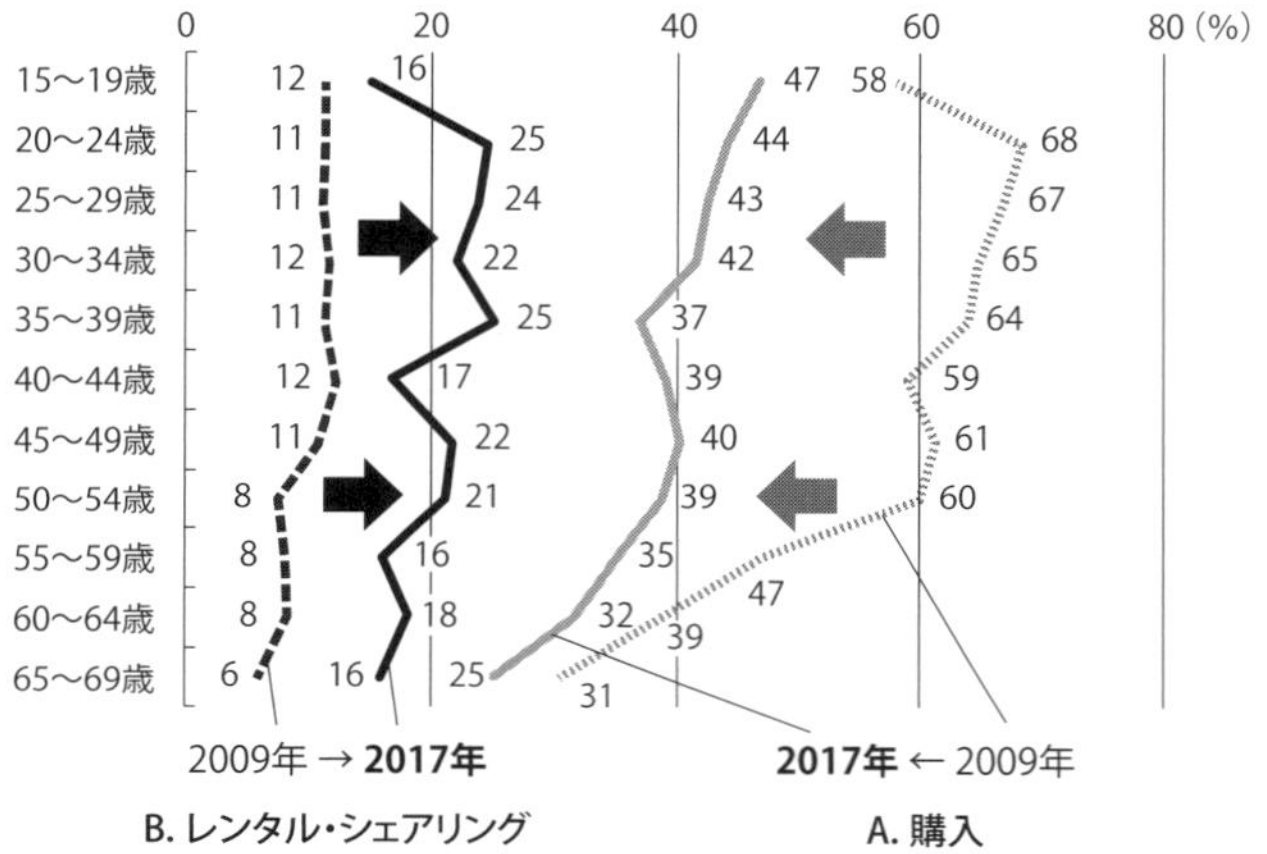

（注）・「A. 購入」は「買いたい」、「どちらかといえば買いたい」の回答の合計、「B. レンタル・シェアリング」は「レンタル・シェアリングでもよい」、「どちらかといえばレンタル・シェアリングでもよい」の回答の合計。
・2009年調査は全国の満15〜69歳の男女個人を対象に訪問留置法で実施（回収数は1万252人）、2017年調査は全国の満15〜69歳の男女個人を対象にインターネットで調査を実施（回収数は3,143人）しており、両者の調査方法が異なることに留意が必要。
（出所）NRI「生活者1万人アンケート調査」（2009年）、NRI「生活者インターネット調査」（2017年）

裏づける結果となっている。

所有しようとすると比較的コストが高い自動車については、「借りる」という意味でこれまでレンタカーが普及していた。ただ、レンタカーは不特定多数の人が長時間（大体半日以上）利用するための仕組みであるが、カーシェアリングの場合はあらかじめ登録された会員のみが短時間（15分単位でも）で利用することも可能であり、ちょっとした買い物の際に利用することもできる。

日本では、駐車場大手のパ

ーク24が運営するカーシェアリングサービスである「タイムズカープラス」が２０１７年12月（同社の月次速報値）で全国の車両台数が２万２８４台、ステーション数が１万２１９カ所、会員数が92万８８０８人まで普及しているなど、今やカーシェアリングは珍しいサービスではなくなってきている。晴れた日は自転車通勤だが、雨の日は15分だけ利用して駅まで送ってもらうことができれば、数百円で利用でき、バスを利用するのとあまり変わらない。雨の日のバスは到着が遅れることが多く、バスが来るまで雨のなか停留所で待たなければならないストレスを考えると、カーシェアリングを利用して駅まで送ってもらう方が、時間的な価値は大きいだろう。

自動車については、かつて「いつかはクラウン」と言われたような、象徴的なモノを所有してステップアップを図っていくことで成長や生活水準の向上を実感したい、というような消費意識・行動は希薄になっていると言えるであろう。

利用経験、利用意向が高いフリマアプリ

現時点での各種のシェアリング・サービスの認知度・利用経験および今後の利用意向を尋ねた結果を見ると、「スマートフォンから商品を出品・購入できる、フリーマーケットアプ

図表4-7　シェアリング・サービスの利用経験、利用意向

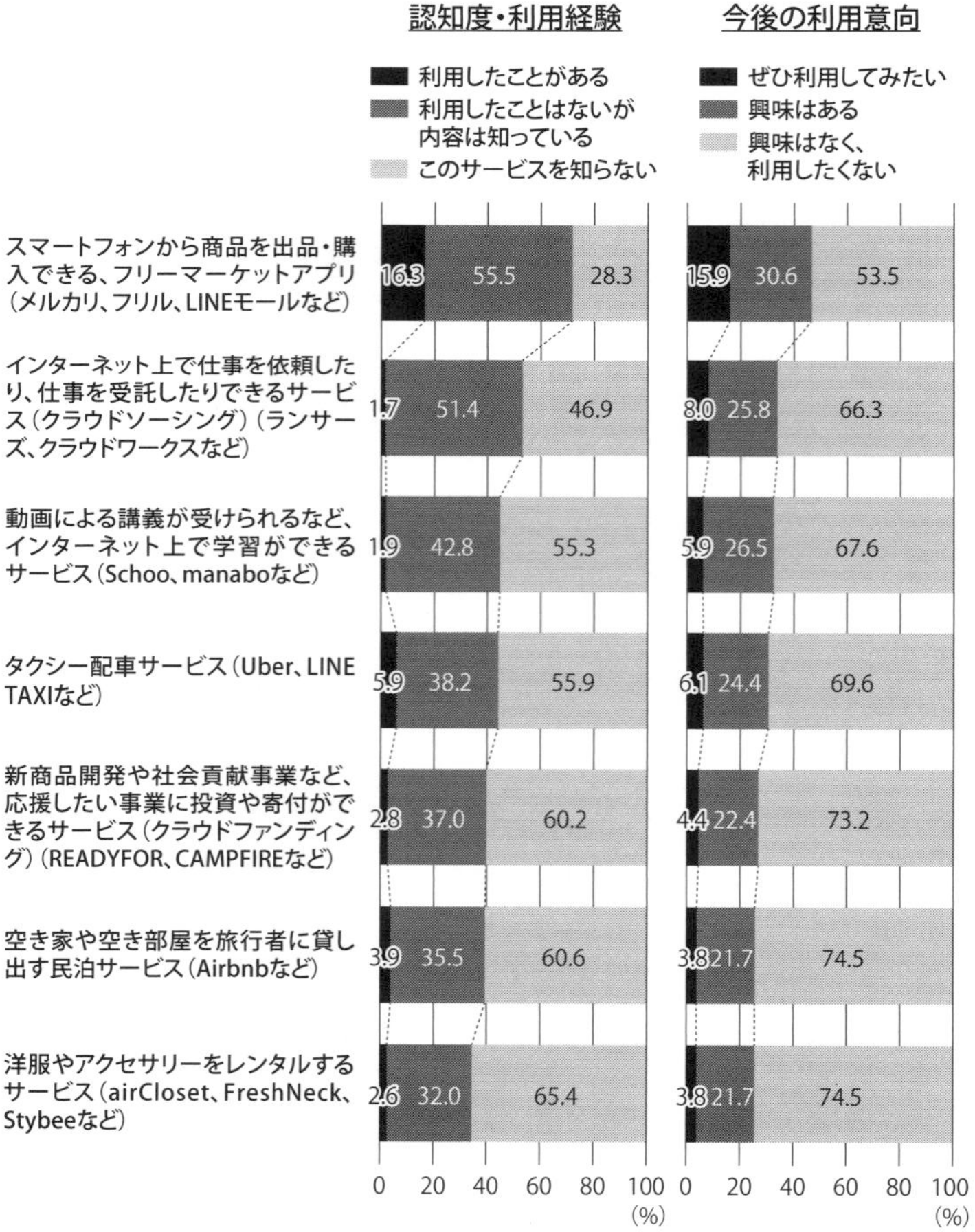

（注）全国の満15～69歳の男女個人を対象にインターネットで調査を実施（回収数は1,074人）。図表の結果数値（%）は四捨五入の関係で、内訳の合計が100%に一致しないことがある。
（出所）NRI「生活者インターネット調査」（2017年）

リ（メルカリ、フリル、LINEモールなど）」が最も高くなっている。

１９９９年からサービスを開始した「ヤフオク！」（１９９９年当時はYahoo!オークション、２０１３年に名称をヤフオク！に変更）では、ネットオークションの出品者に対して評価をつける仕組みがある。評価の内容はすべての利用者に公開され、その人と取引するときの重要な情報となる。また２０１３年から登場した「メルカリ」は、スマートフォン向けのフリマアプリとして仕組みを簡潔にしたことで、急成長を遂げているが、こちらも出品者の評価状況がわかりやすく表示されている。商品を選択する際に、出品者の評価がよければ出品されている商品についても状態がよさそうとの判断が可能となったり、もしくはきちんと商品情報を載せている（傷や汚れがある場合も正確に載せている）と、出品者への信頼度が高まるとみられる。顔も見えずお互いに知り合いではないネット上の相手ではあるが、リアル店舗が提供する「安心感」と同じものが、メルカリなどのネット上に構築されたプラットフォーム上で示されるユーザー評価によって実現されている。

空き時間やスキルの活用

次いで認知度・利用経験や今後の利用意向が高いシェアリング・サービスに「インターネ

ット上で仕事を依頼したり、仕事を受託したりできるサービス（クラウドソーシング）（ランサーズ、クラウドワークスなど）」が挙げられる。

多様な働き方を模索し、主婦や高齢者などを中心に空いている時間を使って仕事をしたり副業を広げようとする就業者側のニーズと、低コストで気軽に仕事をお願いしたい依頼者をつなぐサービスの活用が広がっている。これは人の空き時間やスキルを共有するという意味でのシェアリングである。特に最近の働き方改革の推進や人手不足といった社会情勢を背景に、仕事を発注する側がウェブサイトなどで仕事をしたい人を募集する「クラウドソーシング」を利用して、不特定多数の個人に仕事を発注する企業が増加している。

また、より低価格で個人個人が得意としているスキルを取引できるスキル系ＣｔｏＣサイトも成長している。２０１３年にサービスを開始した「ココナラ」の場合、当初は一律５００円（税別）の価格設定で手軽に利用できるサービスとしてスタートし、現在は会員が70万人に達していると言われている。スキル提供というと、資料作成、マーケット調査、キャッチコピー・ロゴ・イラスト作成などのビジネス用途が想定されるが、ここではそれだけでなく、本格占いや飲み会に適したお店のリスト作成といったプライベート利用も多い。「ＴＰＯに合ったお土産」「新宿エリアで飲み会に適したお店」を知りたいという時に、検索だけではなかなかめぐり合えない情報についても、その内容に精通した人に相談すれば的確なアドバイスをもらうことが可能である。

スキル提供者がこのようなシェアサービスを利用するメリットとしては、時間や場所に関係なく自分の都合に合わせて働ける点が挙げられる。シェアサービスにユーザー評価制度が提供されていれば、スキル提供者側にとっても自身の活動やスキルを磨くためのよいモチベーションとなるだろう。ココナラで経験を積みフリーランスで本業として稼ぐ個人が増えていると言われているなかで、新たに2018年2月から「PRO（プロ）認定制度」がスタートする。ココナラでの評価に加えて、受賞歴などの実績、機密保持の確認などの項目を審査し、認定者を別枠で扱い、最低価格は3万円（税別）に設定する。

スキル購入者側のメリットとしては、さまざまなスキルを持つ人にアクセスすることで、より適切なスキルを持つ人を活用することができること、オンラインでやりとりをするので場所的な制約がないこと、必要なときに必要な分の仕事を依頼できるので常時雇用する必要がないこと、などが挙げられる。

弱まりつつある従来の人間関係

シェアリング・サービスが普及する背景のひとつとして、日本社会における従来型の信頼関係の弱まりと新たな人間関係、コミュニティを求める傾向の強まりが挙げられる。フランシス・フクヤマの著書『「信」無くば立たず』[31]によれば、日本の戦後の経済発展の大きな理由のひとつに、信頼関係を醸成してきた地域や会社などの「中間集団」の強固さが挙げられている。これらの中間集団における信頼関係や、従来の日本社会を支えてきた規範、権威といった既存スタンダードが現在、揺らいできている。

NRI「生活者1万人アンケート調査」によれば、就業意識のなかで1997年から2015年にかけて変化が大きかった項目（「そう思う」と「どちらかといえばそう思う」の回答の合計）をみると、「会社や仕事のことより、自分や家庭のことを優先したい」が65・2％から73・0％に大きく増加している点である。この回答結果を就業者の性・年代別にみると、男女ともに支持する割合が増加しており、女性では10〜40代が8割を、男性では20〜40代が7割を超える水準となっている。

また「自分の仕事の目的は会社を発展させることである」を支持する意見は1997年の60・0％から2015年には52・2％に低下している。自分の勤務先に関していえばかつてのような「滅私奉公」の精神で会社に尽くすという傾向は弱まり、家庭や自分の生活を優先するなど、かつてのような職場の強いつながりは薄れている。

NRIは、親と子の世帯が歩いて行かれる距離に住む「隣居」や、それから交通手段を使って片道1時間以内ぐらいで行き来できる距離に住む「近居」の形態で緩やかにつながりながら、経済的・精神的にも支え合うような家族のかたちを「インビジブル・ファミリー」と名づけている。「インビジブル・ファミリー」は、人口が多い団塊ジュニアの結婚・世帯形成に合わせ、１９９７年以降、増加してきており、ＮＲＩ「生活者1万人アンケート調査」によれば、２０１５年には配偶者がいて、かつ自分の親が健在な人のなかで54％と半数を超えるレベルに達している。従来型の地域社会での人間関係が弱まるなかで、家族間の緩やかなつながりによって、育児・家事や介護などでお互いに支え合っている傾向がうかがえる。

このように従来、強固だった地域や会社での人間関係、つながりが弱くなる一方で、新たな人間関係やコミュニティを求めるニーズが生じており、シェアリング・サービスがＩＴを活用することでそのニーズに対応しているとみることができる。

シェアハウスにみられる新たな人間関係の模索

住まい方の傾向でも、新たな人間関係を求める動きが見られる。「一生、借家住まいでも構わないと思っている」という人が性・年代を問わず増加しており、かつてのように持ち家にこだわる意向は低下している。持ち家にこだわらなければ、既存住宅の購入、賃貸やシェアハウスの利用など、ライフステージに応じた柔軟な居住形態の選択が可能となる。家が余る時代においては、既存のストックを有効に活用して、さまざまな住まいの選択肢を提供することが求められる。

1つの家を複数の人と共有して暮らす形態である「シェアハウス」が近年再び脚光を集めている。以前は、若年層を中心に経済的なメリットからシェアハウスを選択する人が多かったが、最近ではシェアハウスの居住目的が、「新たな人との出会い」へとシフトしつつあり、子育て、ゴルフといった共通の趣味などを掲げた物件も登場している。

また、シニアと若者が共同コミュニティを形成するシェアハウスも存在する。学生マンションから共生創造企業を目指す「ジェイ・エス・ビー」では、学生マンションとシニア住宅を一体化した住宅を提供している。マンションの低層階をシニア向け住宅、高層階を学生マンションとし、学生ボランティアによる介護サービスによってシニアをサポートするとともに、ボランティア費用を学生マンション部分の管理費として還元する仕組みをとっている。シニアと学生にとって、ウィン-ウィンな関係が構築されるとともに、異なる世代間の日常的な交流が生まれ、活気あるコミュニティ形成が期待される。

スマートフォン、SNSの普及が後押し

以上のようにさまざまなシェアリング・サービスを利用する背景には、新しい人間関係を模索する意識の変化がある。それをさらに促す要因としては、スマートフォンの普及とフェイスブック、ツイッター、LINEなどのSNSの利用拡大を挙げることができる。

もともと本やゲーム、CD、アクセサリーや自動車などのモノについては、家族や親しい友人の間における貸し借りは頻繁に行われてきた。それは気心知れた相手であれば、お互いに持っているものやマナー（汚さない、乱暴に扱わないなど）がわかってくるため、自然と貸し借りしやすい状況にあったからであろう。

しかし、そこまで親しくない人との間では、お互い何を持っているか、どのようにやりとりをすればよいのかが不透明であり、気軽に貸し借りしづらいと思った人も多いのではないだろうか。それがスマートフォンの普及により、消費者はインターネットに手軽にアクセスするようになり、さらにレンタルサービスやフリマアプリなど利用しやすい環境が整ってきたことで、個々人が持っているモノについての情報交換が進み、求める人と提供したい人がマッチングされやすくなったことが大きい。インターネット空間では、店舗などを構えるこ

となく、誰もが簡単に売り手になることが可能となる。

SNSなどのソーシャルメディアは共通の趣味、嗜好を持った仲間、コミュニティとの関係を維持するために活用しやすいメディアであり、小規模でいわばモザイク化した仲間同士の交換や、やりとりを促進していくとみられる。

リサイクル、リユースで企業と消費者との関係が多様化

「所有からアクセスへ」という消費者の価値観の変化や消費者の新しい人間関係を求めたりソーシャルメディアを活用する傾向は、シェアリング・サービスの利用拡大を促す。こうした消費者の価値観変化のトレンドを見ても、今後は個人間取引市場は拡大していく可能性があると考えられる。さらに企業は、新品の提供者としてだけではなく、中古品の仲介者として消費者との関係を築いていくことも重要になってくるだろう。

たとえば、ファーストリテイリングはCSR（企業の社会的責任）活動の一環として、2006年からユニクロとジーユーの全商品についてリサイクル活動を行っている。ファーストリテイリングが生産する丈夫で長持ちする服は、着られなくなる前に着なくなる人の方が多いだろう。ファーストリテイリングはまだ着られる服の価値を最大限活かし、服を着る

ことを必要とする人々に送り届けている。

また、無印良品は２０１０年から服を回収し資源としてエネルギーに変えていく取り組み「ＦＵＫＵ－ＦＵＫＵプロジェクト」という企業連携プロジェクトに参加している。２０１７年からＢＲＩＮＧプロジェクトと名称が変更されたこの活動を通じて、無印良品の店頭で販売した商品の回収を常時、行っている。回収された商品はリサイクルされ、エタノール等のエネルギーとして再生されるが、回収をした服のなかで、まだまだ着ることのできる服については、藍染というかたちで染め直し、リユースされた商品「ReMUJI」として店頭で販売されている。藍染で染め直された服は、１点１点が微妙に異なる色合いを示し、逸品モノにこだわる消費者を中心に話題となっている。

このような企業によるリサイクル活動やリユース活動は、「もったいない」意識や社会に貢献したい意識を持つ消費者やモノの来歴にこだわる消費者にアピールできると同時に、消費者にとっても自身のニーズを満たすことができる取り組みとして、今後も伸びていくことが期待される。

第5章

デジタルで変化する経済の課題

情報制約と市場の失敗

アダム・スミスに始まる伝統的な経済学では、資源の制約に対して市場がどう機能するかという点が議論の中心であった。つまり市場および価格メカニズムによって、希少な資源がどう効率的に配分されて需給を調整するのかといった「見えざる手」の役割である。

それに対して、１９７０年代頃からは公害問題や情報の制約など「市場がどう失敗するか」の研究が進んでいった。それまでの経済理論では誰しもが「完全情報」、すなわち取引に関係するすべての情報を知ったうえで意思決定をすることがモデル上想定されていたが、現実社会がそれと乖離していることは明らかである。市場の参加者（消費者、生産者、政府等）が持っている情報量や内容には違いがあること、そして誰も完全な情報を保持することはできない。そのような現実のなかで、不完全な情報や情報量の偏りの世界を前提とした新たな経済理論が開発され（例：ゲーム理論、サーチ・コスト理論、逆選択問題、プリンシパル・エージェント問題など）、情報制約を経済モデルに組み込む試みが進められてきた。

ソーシャルデータの爆発的な拡大

21世紀に入り、スマートフォンの普及、高速無線通信網の拡大、さらにあらゆる物がセンサーと無線通信網を通じてインターネットにつながるIoT（モノのインターネット）の世界が登場しつつある。IoTにつながる機器は世界で80億台（2016年）と言われているが、2020年には500億台、2030年には1兆台になると予測されている。これらはまさに「見えざる目」（目に見えない不可視の目）とでも呼べるものである。

フェイスブック、YouTube等を通じて人々が生み出しているデータをソーシャルデータと呼ぶ。これは「いいね！」ボタンのように自分が意識的に入力している情報だけでなく、位置情報など自分が意識せずに提供されている情報も含まれる。アンドレアス・ワイガンドに

図表5−1　国際的なデジタルデータ量の増加予測

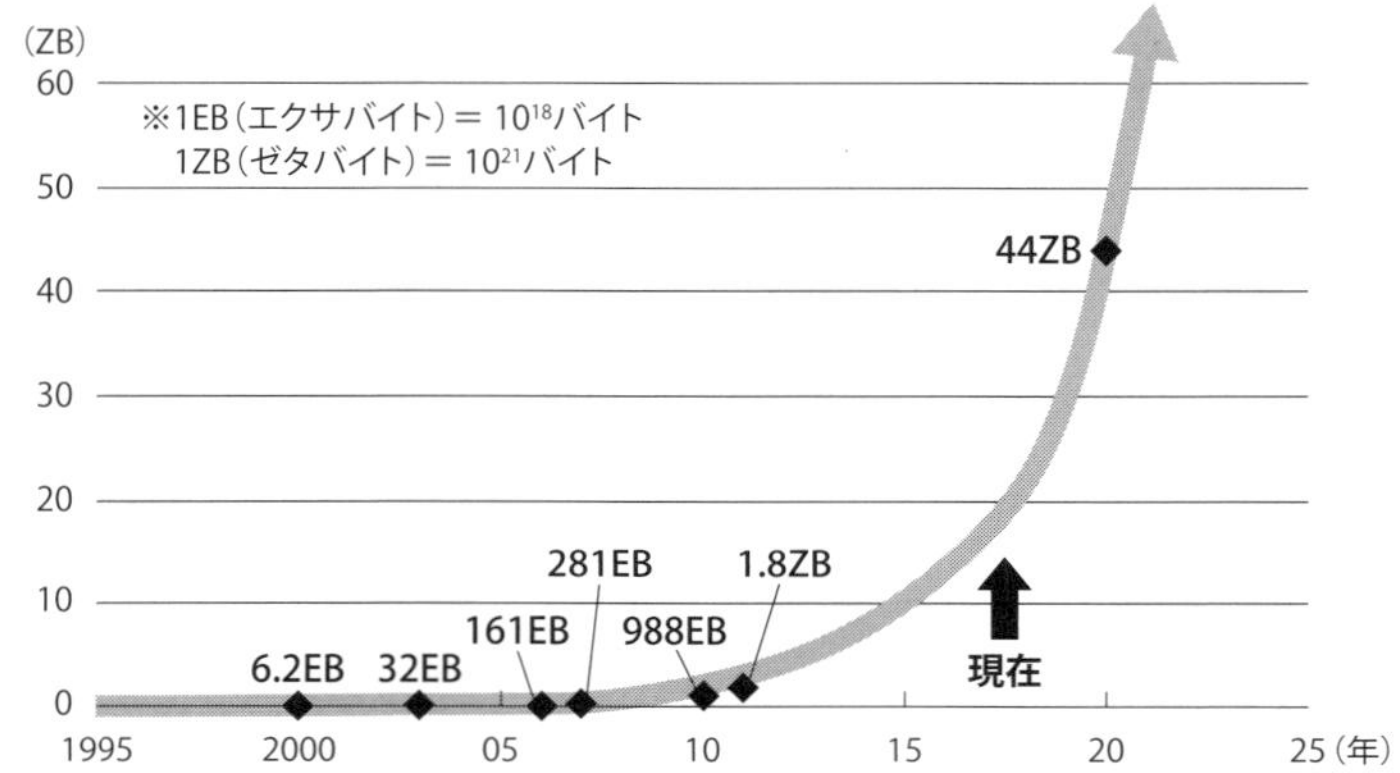

（出所）総務省『平成27年版 情報通信白書』よりNRI作成

よれば、ソーシャルデータの量は指数関数的に増加していて、２０００年時点で丸１年かけて生み出されたのと同じ量のデータが、今ではたった１日で生み出され、２０２０年には同じ量が１時間以内で生み出される可能性があるという[1]。デジタルデータの量は指数関数的に増加しつつある（図表5−1）。

デジタルデータの増加は情報制約を緩和する効果がある。つまりこれまで不完全情報下において憶測で行動していた経済主体の行動が変化するのである。情報制約の緩和によって市場取引が増加したり、取引価格に影響を及ぼすことが考えられるので、以下その例をいくつか見てみよう。

アカロフの「レモン」問題

ミクロ経済学には「情報の非対称性」という概念がある。情報の非対称性とは、ある取引でA氏とB氏が保有している情報が異なる（対称的ではない）状態を意味していて、典型的には商品の売り手と買い手の間の情報量の差異なのだが、これによって市場が効率的に機能しなくなるという問題である。買い手よりも売り手の方がその商品についてよく知っている、という典型例は中古品の売買であろう。中古品の場合は、その商品の質に大きなバラツキがあり得る。しかも中古車のように、外見はきれいでもいざ動かしてみると大変な欠陥車であったということで、見た目だけでは質が判断しづらいケースもある。

ノーベル経済学賞を受賞したジョージ・アカロフは、質にバラツキのある中古車市場で売り手と買い手の間に情報の非対称性があると、1台も車が売れない、あるいは質の高い中古車の売買が成立せずに質の低い欠陥車だけが取引される可能性があることを示した。欠陥車を英語でレモンと言うことから、これはアカロフの「レモン」問題、あるいは質の低い欠陥車だけが取引されるという、通常とは逆の結果が引き起こされるので逆選択問題と呼ばれている。

レモン問題のメカニズムはこうである。中古車の売り手（複数人いる）は自分が売ろうとしている中古車の質がどの水準か正確に知っているのに対して、買い手は各中古車の質がどのくらいかわからない。そして売り手は自分の売る車の質に応じて売却してもよい最低限の価格（売却意思額）を持っていて、買い手は車の質に応じて最大いくらまでなら支払ってもよいかという支払意思額を持っている。もし買い手が中古車の質を正確に知っていて、その質なら払ってもよいという支払意思額が、売り手の（最低売却価格である）売却意思額を上回っていたら取引成立である。価格はその中間のどこかで決まり、売り手も買い手も余剰を得られる。

しかし買い手が質の情報を持っていない場合、買い手は中古車の価格と市場に出ている中古車の供給状況から「質の平均期待値」を逆に推測して、購入するかどうかを決断する。細かい数学的な展開は省くが、買い手の支払意思額がかなり高い場合でも、質のよい中古車は市場に出回らず、質の悪い「レモン」ばかりが市場で取引されるという結果があり得る。[2]

ひるがえってAI、IoT時代の中古車市場が将来どうなりそうかと言えば、自動車そのものの履歴情報はもちろん、パーツごとの履歴情報（修理歴、交換歴など）、摩耗度、交換時期の情報などあらゆるデータが可視化され、AIが「推奨購入価格」なるものを計算して買い手に教えてくれるかもしれない。この推奨購入価格がいわゆるファンクショナル・バリュー

（機能的価値）で、あとは買い手がその車に対してどのくらいエモーショナル・バリュー（情緒的価値）を持つかによって、その人が実際に購入するかどうかが決まる。これは前者が客観的な価値、後者が主観的な価値という意味で、第3章で紹介した生産者余剰と消費者余剰の関係、あるいは株価を計算する際のＥＰＳ（１株当たり純利益）とＰＥＲ（株価収益率）の関係に似ていると言えるだろう。

デジタル化の進展によってアカロフの「レモン」問題が多少なりとも解消する方向に進むのであれば、中古車の取引台数と平均価格は上昇することが期待できる。第3章では、デジタルがサーチ・コストを下げることで、価格を押し下げるメカニズムについて述べたが、デジタル化の進展によって価格を押し上げるメカニズムも存在していることには留意すべきであろう。

モラルハザード問題

アカロフの「レモン」問題は、取引前に売り手と買い手の間に情報の非対称性がある場合に起こる問題であったが、取引後の情報の非対称性から生まれる問題のひとつがモラルハザードである。自動車保険を例にとろう。この場合は保険会社と保険加入者の間に情報の非対称性がある。ドライバーのなかには運転技術が高い人から荒っぽい運転をする人までさまざまな人がいるが、保険会社は各人の細かい運転特性まではわからない。そのため保険会社はおおざっぱな属性情報（年齢、性別）だけから保険料を設定し、同じ属性の人には同じ保険料率を適用することになる。

ドライバーは保険に加入したことで運転行動が変わる可能性がある。つまり多少荒い運転をして車をぶつけても保険で修理できる、あるいは故意にキズをつけて保険金をもらおうという行為で、このような行為を「モラルハザード」と呼ぶ。保険会社からすると、保険の加入後にドライバーがどのような運転をするかのモニタリングができないとすれば、その事故が故意のものなのか、慎重に運転していたにもかかわらず起こってしまった事故なのかがわからない。

モラルハザードの対処方法としては、契約内容を工夫して、故意の事故を抑止するやり方がある。たとえば事故が起こった時の自己負担分の存在や、等級が下がることで翌年の保険料が上がるといった仕組みだ。しかし最も効き目が期待できるのは運転のモニタリングをすることである。自分の運転が細かくモニタリングされているとわかれば、危険運転で事故を起こした場合の過失についても保険会社には筒抜けになるので、ドライバーにとっては危険運転を控えるようなインセンティブが働く。

そしてデジタル化の進展は、実際かなり精度の高いモニタリングを可能としている。たとえばセゾン自動車火災保険が提供している「おとなの自動車保険」では、「つながるボタン」と呼ばれている小さな機械を車内に取り付け、スマートフォンにアプリをインストールすることで、ドライブ情報がデジタルデータとして蓄積される。蓄積されるデータは、日ごとの走行距離、通ったルート、ブレーキ回数、加速、ハンドル操作、右左折回数などである。そしてドライブレポートにはその日のスコア（運転総合評価）、エコドライブ度、危険挙動回数などが表示され、まさにドライバーに対して安全運転を促すような仕組みとなっている。ドライバーと保険会社の間の情報の非対称性はかなり小さくなったと言える。このようなサービスが社会全体で進み、自分の「マイ運転履歴データ」が持ち運びできるようになると、ライドシェアリングサービスで他人の車を運転するときにも、過去の運転履歴が料金に反映されるようになるかもしれない。

デジタル化の進展によって、モラルハザード問題がすべてとは言わなくても多少は解消する方向に進むのであれば、それは（保険会社にとっての）生産者余剰と（加入者にとっての）消費者余剰の両方を改善する効果がある。

図表5-2　デジタル時代に人々は何にお金を支払うのか

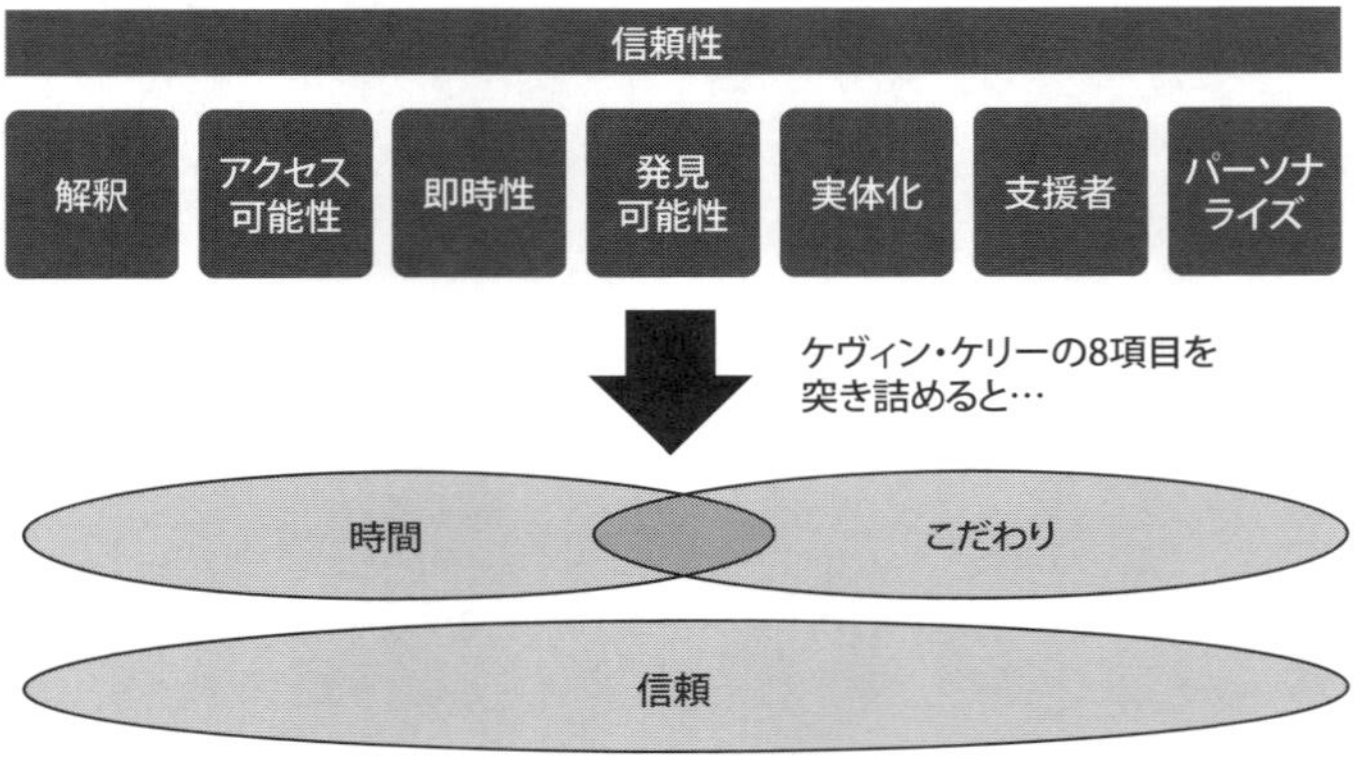

（出所）上の四角の8項目はケヴィン・ケリー『〈インターネット〉の次に来るもの』（NHK出版、2016年）をもとにNRI作成。信頼性はすべての項目の根底にあると考えられることから横長の箱にしている

デジタル資本主義時代の希少性とは

リフキンはデジタル時代の世界を「限界費用ゼロ社会」と呼んでいる。そこでは3つの重要なインフラである通信、輸送、エネルギーが分散型のデジタル・プラットフォームを通じて限界費用ゼロ、つまり追加でサービスを提供する際のコストが（ほぼ）ゼロになる世界が描かれている。限界費用がゼロということは、裏返せば価格が無料であり、それが潤沢に存在することを意味している。

しかしすべてのモノが限界費用ゼロでコピーできるかと言えばそうではない。たとえばケヴィン・ケリーは、デジタル時代にコピーできないもの、ゆえに人々がお金を払うものとして、「即時性」、「パーソナライズ」、「解釈（例：無料ソフトの利用ガイド）」、「信頼性」、「アクセス可能性」、「実体化（例：ライブコンサート）」、「支援者（例：投げ銭、お布施）」、「発見可能性（例：自分の好みの映画を推薦してくれるNetflix）」の8つを挙げている(3)（図表5－2）。

この8つを突き詰めていくと、3つのカテゴリーに集約できると考えている。それは「時間」「こだわり」「信頼」である。即時性は文字通り今欲しいということに対してお金を払うことであるし、解釈は、使用方法に悩んで時間を浪費するくらいなら、お金を払って利用ガイドを買う、プロのアドバイザーに助けてもらう、というような動機が背後にある。アクセス可能性も、必要なものを探す時間を省きたい、そこに行けば必ず欲しいモノにアクセスできるということへの対価である。発見可能性は時間とこだわりの両方が詰まっていて、自分の好きなものを見つける時間を節約したいのである。

時間をデジタル・プラットフォーム上で売買するサービスも生まれている。時間を売るというモデルはこれまでも弁護士などの専門職では採用されていたが、より多くの人々が時間を売買できるデジタル・プラットフォームが提供されている。日本ではタイムバンク、タイムチケットなどがその例である。具体的には、プラットフォームに登録されている人の時間を30分単位（タイムチケット）あるいは10秒単位（タイムバンク）で購入ができる。時間を購入したらその人からアドバイスをもらったり、実際に何か特定の仕事を依頼する。タイムバンクの場合は、オンライン上での影響力（スコア）が高い人のみ登録が認められているが、タイムチケットの場合は特に制約はなく、２０１７年12月現在で8万人が登録されている。タイムバンクの場合は、ある登録者の時間を購入したが実際に使う機会がなくなった場合に、第三者にその時間を転売することもできるといった機能がある。

時間は有限（希少）である。また自分のこだわりは自分にしかないという意味でやはり希少である（他人のこだわりをコピーされてもうれしくない）。そして信頼は簡単にコピーできず地道に積み上げていかなければならない。「時間」「こだわり」「信頼」は今でも希少なものなのだが、デジタル時代にはその希少性がより一層際立つのだ。

「見えざる手」から「見えざる目」そして「見えざる頭脳」へ

デジタル資本主義では、これまで以上に「時間」「こだわり」に関連した財やサービスが提供されることになるだろう。資本主義の文脈で言うならば、顧客の時間価値の差異やこだわりの差異から利潤を獲得するのである。ある商品やサービスがどうしても今必要だという人と、今は必要としていないという人のマッチングサービスから利潤を得る、あるいはこれまで画一的な商品しか提供していなかったところから、顧客別のマス・カスタマイゼーションを通じて差異を生み出すことで利潤を獲得するといった例が挙げられる。そしてそのためには顧客からの情報インプットがこれまで以上に欠かせず、デジタル・プラットフォームの構築など新たな試みが不可欠となるが、これについては第7章で触れたいと思う。

「信頼」については、商業資本主義、産業資本主義時代と同様デジタル資本主義時代も必要不可欠な取引の潤滑油の役割を果たしていくが、デジタル資本主義時代には信頼を構築する基盤が変化する。具体的には、デジタル・トラスト・グリッドと呼ばれている、多対多の個人間の関係性のなかから信頼が構築されるようになるが、これについては第8章で紹介したいと思う。

制約という視点から言えば、デジタル資本主義時代は、時間制約が今まで以上に注目されるようになるだろう。資源制約については「見えざる手」が資源の効率的配分を行い、情報制約については無数のセンサーが「見えざる目」として情報を収集する。では時間制約はどうやって対処されるのだろうか。つまりデジタル時代に自分の満足度を高めてくれるような時間配分はどうやって図られるのかということだが、ひとつの可能性はＡＩである。ＡＩが各人の秘書となって、最適な時間配分を行う世界である。言い方を少し変えると、各人が蓄積している暗黙知としての「こだわり」をＡＩが表出化する手助けをしてくれるようなイメージである。[4] ＡＩ秘書との付き合いが長くなればなるほど、どの友人と会うかの優先順位や、どんな余暇活動をするのがよいか、どの場所がおすすめかなど、条件を明示的に設定せずとも自分にとって満足度の高い（言い換えれば消費者余剰を最大化するような）アレンジをしてくれるようになる。時間制約に対しては「見えざる頭脳」とでも言えるＡＩが手助けをしてくれるということになる。

第6章
私有財から公共財・準公共財へ

財・サービスの4つの区分

経済学では財・サービスを他者の「排除性」と消費の「競合性」の2つの視点から4つに分類することがある（図表6−1）。縦軸の排除性とは、文字通りその財・サービスを他者が使用することをどのくらい排除しているかを意味している。横軸の競合性とは、ある財・サービスを複数の人が同時に消費することができるかどうかを意味していて、同時に消費できないものほど競合性は高い。

左上にある私有財は排除性、競合性の両方が高いものである。自宅の不動産、自家用車な

図表6-1　財・サービスの4つの区分

排除性 ＼（消費の）競合性	高	低
高	私有財	クラブ財
低	共有財（コモンズ）	公共財

（出所）NRI

どは基本的には他者の利用を排除し、しかも競合性が高い（自動車は座席のシート数に限りがあるし、住宅も巨大な豪邸であれば大勢が同時に利用できるが、通常は少ない人数しか同時に利用できないので競合性は高い）。なおこの定義における私有財は、法的な所有権の有無について考慮していないことにご留意いただきたい。

右下にある公共財は、排除性と競合性の両方が低いものである。ここに該当する例としては政府による国防サービスがある。国防サービスは特定の人だけでなく国民全体を対象としていること（排除性が低い）、また国防サービスは大勢が同時に享受することができるからである（競合性が低い）。なおこの象限は純粋公共財と呼ばれることもある。

左下にある共有財（コモンズ）は、排除性

は低いが競合性は高いものである。たとえば漁業資源、木材などで、本来的には誰でもアクセスできてしまうが、乱獲されるとあっという間になくなってしまう、つまり消費の競合性が高いので、漁業権などによって意図的に排除性を高めることで対応する必要がある。また道路や公園などは一般的には公共財と呼ばれているが、これらは共有財（コモンズ）だとも言える。誰でも利用できるという意味で排除性は低いのだが、キャパシティに限りがあるため競合性はある。道路や公園などは、混雑によってこれ以上利用できない状況が容易に生まれてしまうので、国防サービスと比べれば競合性は高い。

最後に右上の象限をクラブ財と呼ぶ。クラブ財とは排除性が高いが競合性は低いものである。たとえばケーブルテレビのように、加入者しか見られないが（排除性は高い）、同時に大勢がサービスを享受できる（競合性は低い）ものである。クラブ財と共有財（コモンズ）は準公共財とも呼ばれている。

私有財の領域を拡大させてきた産業資本主義

18世紀の産業革命を引き起こした背景のひとつとして、囲い込み運動（エンクロージャー）がある。囲い込み運動とは、共有地として用いられてきた土地を囲い込んで私有地化することで、その土地の生産性を高めようとする動きである。[1]産業革命史の権威であるトーマス・S・アシュトンによれば、共有地では自由土地保有農民、定期借地農民、小屋住み農民などさまざまな種類の農民が雑居しており、その大部分が過去の耕作方法に固執していて、新しい農法や輪作を採用しようとしても、それらの人々の合意がとりづらかった。そのため囲い込み運動を通じて少数の人間に土地所有を集中化させることで、耕作方法の変革を容易にしたのである。[2]共有財であった土地の排除性を高めて私有財化したとも言える。

さらに共有地を追い出された農民が、都市部に流入することで工業部門の重要な担い手となった点も囲い込み運動の重要な影響である。土地から切り離されて労働力しか持たない人々が、自分の労働力を商品として貨幣と交換する仕組みが生み出されたのである。

1624年に英国で制定された「専売条例」は、近代特許権制度の原型と言われているが、これも囲い込み運動のひとつという見方ができる。当初この制度はほとんど活用されていなかったものの、産業革命期には多くの発明家によって活用されるようになった。リフキンは特許権や著作権、商標権などの知的財産権の導入を、「知識コモンズの囲い込み[3]」運動だと呼んでいる。共有財（コモンズ）の囲い込み、つまり私有財化はさまざまな領域で起こっていて、それは現代社会でもまだ続いていると主張している。たとえば20世紀前半における民間企業への無線帯域の使用認可に伴う「周波数帯域コモンズ」の囲い込みや、20世紀後半における遺伝子特許の付与にみられる「遺伝子コモンズ」の囲い込みである。このように共有地や共有財・知識が囲い込まれて私有財化するというのが産業資本主義の特徴のひとつであった。

さらに言えば、産業資本主義のもとでは、イノベーションを通じて全く新しい私有財が続々と生み出された。馬車で移動していた人々が自家用車を持つようになるなど、それまで公共財や共有財を使っていた人々が、所得水準の大幅な上昇を追い風に自分だけが使うものとしての私有財を増やしていった時代なのである。

公共財・準公共財の領域を拡大させるデジタル資本主義

デジタル資本主義はこの動きを変化させつつある。具体的には2つの面で公共財や準公共財（共有財・クラブ財）の領域を拡大しつつある。1つ目はデジタル化による消費の競合性低下である。物理的な紙でできた本の場合、私がそれを読んでいる間、他の人は私が持っているその本を同時に読むことはできない。[4] しかしデジタル化された本の場合は、複数人が同時にそのファイルにアクセスをして同時に読むことが可能になるので競合性は低くなる。この例では、左上にあった紙の本が、右上のクラブ財の領域に移行したと言える。[5] 他にも有料のクラウドサービスや、特定業種・特定顧客だけを対象としたIoTプラットフォームなどは、排除性は高いが、複数ユーザーが同時に利用できるという意味で競合性は低くクラブ財に該当する。

2つ目はシェアリング・エコノミーによる排除性の低下である。シェアリング・エコノミーとは、左上の私有財（例：自宅、自家用車）について、所有者が縦軸の「排除性」を意図的に低くして共有財にする行為だと言える。もちろんこれは度合いの問題で、普段家族が住んでいる自宅を、1年のうち夏休みの1週間だけ他人にシェアする程度であれば、それは依然として左上の私有財の領域であるし、ほとんど自分が使っていない別荘を、エアビーアンドビーを通じて1年中見知らぬ誰かにシェアするのであれば、それはもはや共有財化したと言ってよい[6]。

まとめると、これまで私有財の領域にあった財・サービスがデジタル化によって消費の競合性が低下し（横軸で右への移動）、さらにシェアリング・エコノミーに代表されるように、これまで排除性が高かった財・サービスが排除性の低いものに移行しつつあるなど（縦軸で下への移動）、公共財・準公共財の領域比率が拡大しつつあると言える。私有財の領域を拡大させることを通じて発展してきたのが産業資本主義であるならば、公共財・準公共財の領域を拡大させながら発展しようとしているのがデジタル資本主義である（図表6-2）。

図表6-2　産業資本主義とデジタル資本主義の4つの領域のイメージ

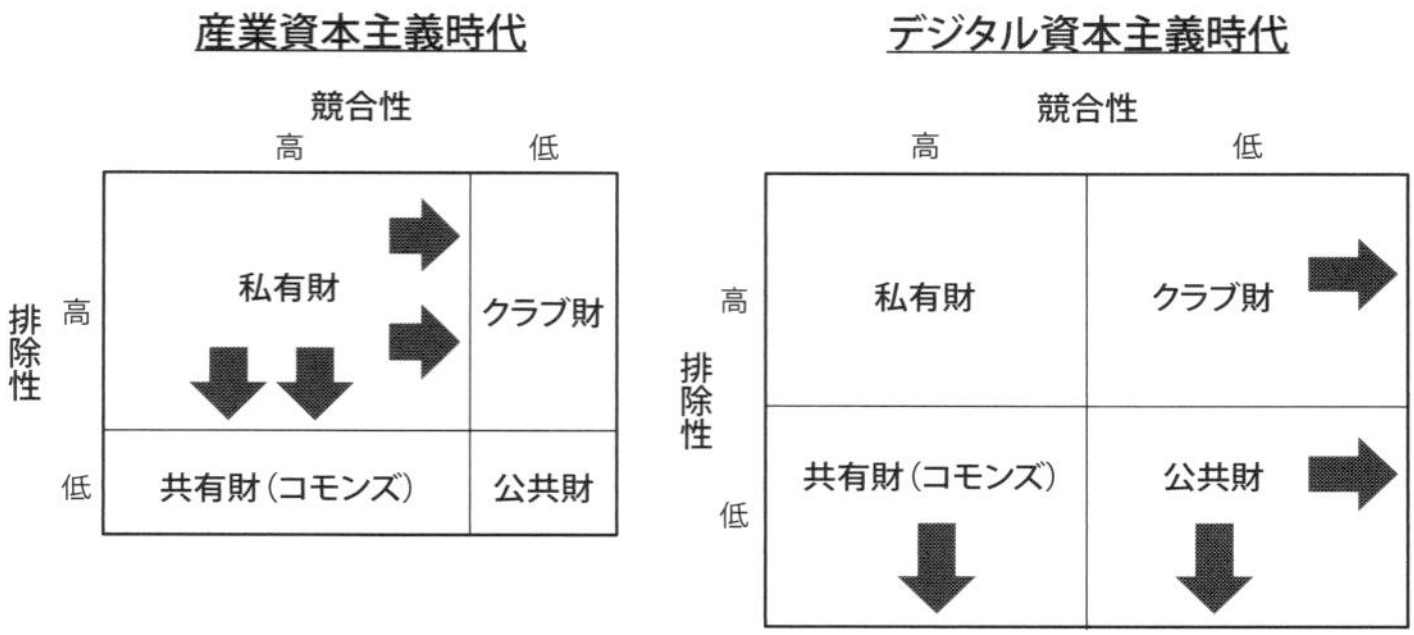

（出所）NRI

これは第3章で示した消費者余剰の存在感の高まりを別の視点から見ているとも言える。つまり、これまでは私的かつ主観的な領域だった消費者の活動が、デジタル化の進展による公共財・準公共財の領域拡大を通じて、半ば強制的に表出化してきたのである。

民間によって提供される公共財・準公共財

図表6-2には4つの財が誰によって提供されるのかという視点が含まれていなかった。大まかに言えば、産業資本主義時代には、公共財および準公共財（共有財とクラブ財）は政府あるいは公益企業、または協同組合のような組織によって提供され、私有財は民間企業によって提供されるというすみわけがあった。[7] しかしデジタル資本主義のもとでは、誰がどの領域の財を提供するのかが曖昧になる。たとえば共有財を生み出し

ているシェアリング・エコノミーを考えると、自宅や自家用車をシェアしているのは消費者あるいは民間企業である。また前述したように特定顧客を対象としたクラウドサービスや、IoTプラットフォームなどは民間企業によって提供されていてクラブ財の特徴を持っている。さらにアマゾンや楽天などが提供しているECプラットフォームは誰でも利用ができる（排除性が低い）、しかも大勢が同時に利用できるため（競合性が低い）、公共財としての特徴を備えている。デジタル資本主義は公共財・準公共財と呼ばれる領域を拡大しているが、その拡大の原動力は民間もしくは消費者なのである。

繰り返しになるが、デジタル資本主義時代には公共財・準公共財の領域が拡大するとはいっても、これは私有財産制度を否定するものではなく、むしろ私有財産制のもとで我々の選択肢が拡大している。たとえば、自宅や自家用車をエアビーアンドビーやトゥーロを通じてシェアリングしても、所有者の所有権は消えない。むしろ所有権を維持したまま、自分の自由意志でそれを共有財化したり、再び私有財化することができるのである。選択肢が拡大しているのである。

「コモンズの悲劇」なのか？

左下の領域である共有財はコモンズ（あるいはコモンプール）とも呼ばれている。1968年、米国の生物学者であるギャレット・ハーディンは『サイエンス』誌に「コモンズの悲劇」という論文を発表した。ハーディンはこの論文で、人口爆発問題はアダム・スミスの言う「見えざる手」に任せても自然に解決はしないと論じ、自由放任策が機能しない例として、共有地（コモンズ）での放牧の例を挙げている。

牛飼いは収入を最大化するために何頭の牛を共有地に放牧するかを考える。追加で1頭放牧すればその分収入が増える。他方、放牧数を増やせば増やすほど共有地が荒廃することも知っているが、そのコストは放牧している牛飼い全員が負担するので、自分にとっての負担は小さい。すると合理的な牛飼いはどういう行動に出るかといえば、牛飼い全員が放牧できるだけの牛を放牧しようと決断し、その結果共有地は完全に荒廃してしまう、というストーリーである。ハーディンはコモンズについて、それが内包する論理により、容赦なく悲劇を生み出してしまうと述べている。

ハーディンは論を進めて、米国の国立公園でも同様の現象が起きていて、入場者が増えれば増えるほど国立公園の価値が侵食されるので、いずれ国立公園の価値がゼロになると警告し、その対策として、民間に売却して私有地化するか、公共地として管理し、入場する権利を何らかの仕組み[8]で配分する必要があるとしている。

コモンズは機能する

ハーディンの論に対して、後にノーベル経済学賞を受賞したエリノア・オストロムは、コモンズが必ずしも悲劇には陥らないこと、また民間や政府部門によらない第3の統治方法が歴史的にも古くから存在し、それが機能していることを示した。具体的にはコミュニティの成員による自主管理であり、具体例としてスイスのテルベルという村で、放牧地や森林などを管理するために15世紀に締結された協定や、日本の江戸時代の森林管理の手法などが紹介されている。

我々日本人からすると、マンションの管理組合や地域の自治会など、コミュニティの成員が自主的に共有財に関するルール（ゴミ出し、マンションの共用部分、公園などに関する管理方法など）を策定し運営している例が身近にあるので、オストロムの主張は違和感なく理解できる。むしろ日本のように人口密度が高い社会だからこそ、いかにして「コモンズの悲劇」を起こさないようにするかの工夫が昔からなされていたと言ってもよいだろう。

現実社会はハーディンとオストロムの主張の中間にある。つまりコモンズは100％悲劇に陥るということはないが、かといってコミュニティの成員による自主管理方式によって100％機能するとも限らない、ということである。実際、人口が減少し高齢化が進んでいる日本では、林野の過剰利用ではなく過少利用がもたらす問題（例：手入れをしないことで荒廃する）が生じていること、またコミュニティ外の人々がレクリエーション目的で林野を利用するといった成員外の人々のプレゼンスの高まりによって、ハーディンもオストロムも想定していなかったような状況が生まれている。(9)

国家主導でも民間（市場）主導でもない統治モデル

ここまでは、排除性が低く、消費の競合性が高い財・サービスをコモンズと呼んできたが、これを拡張し、コミュニティの成員による自主管理方式によって運営されている財・サービスについても「コモンズ」と呼ぼう。統治モデルから見たコモンズである。

産業資本主義時代には、財・サービスがどう提供され、どう運営管理されているかについて2つの勢力の間でせめぎ合いが行われていた。それはＰＡＲＴＩでも紹介したように、国家によって行われるのか、民間によって行われるのか、という二項対立である。しかしオストロムはそれとは異なる統治モデルが存在することを示した。

コモンズ方式は国家主導でも民間（市場）主導でもない第3の統治モデルではあるが、歴史的にみればむしろ第1のモデルと言った方がふさわしい。つまりまだ国家も市場も誕生していない共同体だけの原始社会から、コモンズ方式のような統治モデルが存在していたと考えられるからである。[10]

現代社会においても協同組合というコモンズ方式がある。1895年に設立された国際協同組合同盟（ICA）には、世界95カ国から10億人を超える組合員が加盟している。[11]具体的な組織としては生協、農協、漁協、森林組合、労働者組合、住宅協同組合、信用協同組合などがある。ICAは協同組合について「共同で所有し民主的に管理する事業体を通じ、共通の経済的・社会的・文化的ニーズと願いを満たすために自発的に手を結んだ人々の自治的な組織」と定義している。

コモンズ方式の向き／不向き

ウーバー、エアビーアンドビーなどのシェアリング・プラットフォームは、私有財を共有財化するための場とも言える。ではこれらのプラットフォームは協同組合などのコモンズ方式で管理すべきなのだろうか。それとも民間企業による運営がよいのだろうか。

スンドララジャンによれば、事業分野の特性によって協同組合方式（コモンズ方式）がよい場合と、民間企業方式がよい場合がある。[12]第1の条件は、当該分野の技術進歩のペースである。ライドシェアリングのように技術進歩のペースが早い分野の場合は、迅速な対応という点から民間企業で扱う方が適している。第2の条件は資金需要である。もし当該分野において旺盛な設備投資や資金需要が発生する場合は、協同組合方式よりも民間企業方式の方が資金調達力という点で適している。第3の条件は、参加者全員の業績貢献度にバラツキがないかどうかである。参加者によって業績貢献度のバラツキが非常に大きいと、平等、公正といった協同組合の理念と合致しづらくなるため、協同組合方式には向いていない。一人一票という平等の議決権と折り合いがつかなくなるのである。

デジタル・コモンズの登場

デジタル化は公共財や準公共財に該当する財・サービスの領域を拡大しつつあるが、そこではコモンズ方式によって運営されるものも見られるようになっている。これを「デジタル・コモンズ」と呼ぼう。スペインの社会学者であるマヨ・フスター・モレルは、デジタル・コモンズの定義を以下のように述べている。「コミュニティ内もしくはコミュニティ間で集団的に創造され、所有もしくは共有されている情報および知識源であり、それらは利用者を排除するのではなく（一般的には無料で）第三者に提供されている。……（中略）……さらにコミュニティの参加者はメンバー間の交流プロセスや共有資源に関する統治方法について関与することができる[13]」。

デジタル・コモンズは、デジタル・プラットフォームという大きな括りのなかで、コモンズ方式の統治モデルを採用しているものを指す。その代表例がウィキペディアである。ウィキペディアは2001年1月にジミー・ウェールズとラリー・サンガーによって始められたインターネット百科事典で、現在はウィキメディア財団によって運営されている。サイトにアクセス可能な誰もが無料で自由に編集に参加できるのが特徴である。2017年12月時点で、全世界で約4700万件のトピックが投稿されていて、7200万人の編集者がいる[14]。そしてそれをたった3800人の管理者が管理している。管理者はウィキメディア財団の職員ではなく、全世界から立候補をした人々のうち、ユーザーの信任を得て管理者になった人たちである。管理者はページのブロック、削除、巻き戻し（過去の履歴の状態に戻す）といった権限を与えられている。

ウィキペディアでは投稿記事の質を高めるためのウィキプロジェクトというグループが存在している。このグループのメンバーも財団の職員ではなく自主的に参加した人々で、各トピック内容を重要性と質からレーティングする作業に携わっている[15]など、コモンズ方式による統治が貫かれている。

第7章

デジタル資本主義の第3フェーズへの道

生産者余剰の縮小で中長期的には総余剰の縮小も

第3章で述べたように、これまでのデジタル化は、無料のデジタルサービスを普及させるなど、どちらかといえば生産者余剰を圧迫し、消費者余剰を拡大する形で経済に影響を及ぼしている。仮に生産者余剰が縮小しても、それ以上に消費者余剰が拡大すれば総余剰が増えるからよいではないかというと、必ずしもそうとは言えない。我々は生産者であると同時に消費者でもある。賃金は生産者余剰のなかから支払われるので、もし生産者余剰が縮小して賃金が減れば、購買力が下がり支払意思額も低下する。下手をするとデジタル化による価格の下落以上に支払意思額（と支払能力）が低下する可能性もある。

また企業の設備投資も生産者余剰のなかから捻出されるため、生産者余剰が減れば投資も減少する。さらに企業や個人の所得が減るので政府の税収も減少し、公共サービスの質が低下したり、所得再配分機能が弱まるなどの影響が生じるだろう。つまり急激な生産者余剰の縮小や、スポティファイの事例で見たような消費者余剰と生産者余剰の極端なアンバランスは、短期的には総余剰を増やすかもしれないが、マクロ経済全体で見ると中長期的には経済を縮小させてしまうリスクがある。

デジタル資本主義は第3のフェーズに入れるか

世界は縮小の運命から逃れられないのだろうか。その答えはデジタルによって支払意思額と価格を上昇させることができるかどうかに依存する。言い換えれば、デジタル資本主義が第3のフェーズに入れるかどうかにかかっている。第3章で示したように、消費者余剰と生産者余剰の大きさは3つの変数で規定されていた。価格、コスト、支払意思額である。

デジタル資本主義の第1フェーズでは、価格の差異から利潤を蓄積する。価格比較サイトやECサイト、オークションサイトなどを通じて価格の差異を見つけ、そこから利潤を得る

図表7−1　デジタル資本主義の第3フェーズ（デジタルで支払意思額と価格を高める）

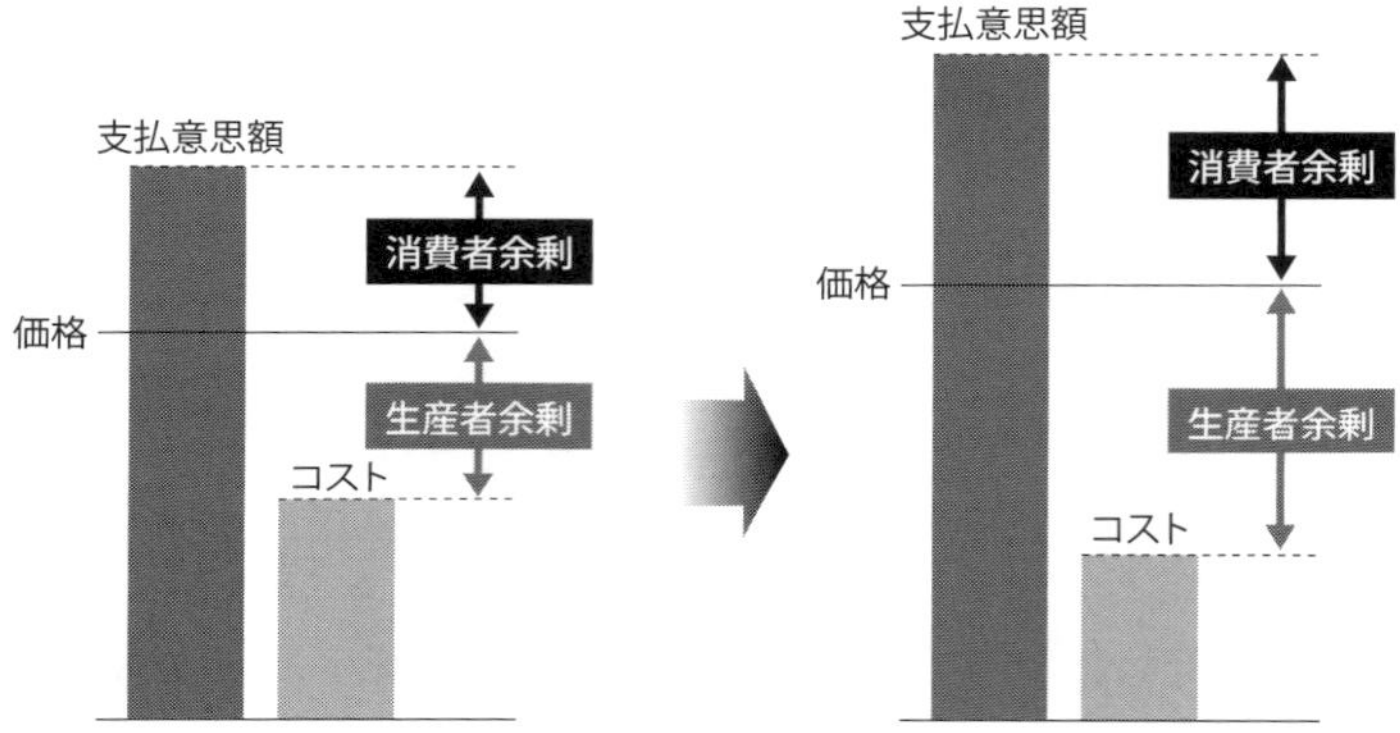

（出所）NRI

動きであって、商業資本主義的である。それに対してデジタル資本主義の第2フェーズでは、コスト面での差異から利潤を蓄積する。クラウドサービスの活用や安価なデジタル技術の活用によってコスト面での差異の違いを利用し、他社との競争優位性を築こうとする動きである。そしてデジタル資本主義の第3フェーズは、デジタルによって顧客の支払意思額（および価格）を高めようとするフェーズである（図表7−1）。

第1、第2フェーズと比べて、第3フェーズは難易度が高い。コストの低下であれば、かなりの程度、自分たちのコントロールのもとで何かしらの結果を生み出すことができるのに対して、顧客の支払意思額は企業が100％コントロールできるものではなく、うまくいく保証などないからである。しかし見方を変えれば、ビジネスチャンスが豊富にあるとも言える。消費者余剰に注目する利点はここにもある。つまりある企業にとって、自社製品・サービスが生み出している消費者余剰の大きさが把握できれば、まだ金銭化できていない余地がそれだけあるとも言えるからである。

リフキンは、（デジタル化の進展で）限界費用がゼロにまで縮小すると財とサービスは市場での価格決定から解放されるので利益は消失し、財とサービスが無料になれば資本主義は無意味になると述べている。これはデジタル資本主義が第2フェーズのまま停まってしまい、消費者余剰だけしか存在しない世界が生まれた状態を表現しているとも言えるが、我々はなすすべなくリフキンの描く世界に移行してしまうのだろうか。あるいはデジタル資本主義は第3のフェーズに突入し、資本主義の本質である「差異」を支払意思額の面でも生み出すことで、生産者余剰を増やすことができるのだろうか。

すでに第3フェーズへの動きは見られている。MIT（マサチューセッツ工科大学）のピーター・ウェイルは、企業がデジタル・トランスフォーメーションをする経路として、効率性の向上と顧客体験（カスタマー・エクスペリエンス：CX）の向上の2軸を挙げている。効率性の向上はコストの低下に、顧客体験の向上は支払意思額の上昇に該当するが、MITによるデジタル・ディスラプション調査（2015年、対象413社）によれば、デジタル化によって顧客体験の向上に取り組んでいる企業は、調査対象企業の38％を占めている。[1]

デジタル化による業種分類の崩壊

ウェイルはデジタル時代における企業のビジネスモデルとして、(1) エコシステムの駆動者、(2) モジュールの製造者、(3) オムニチャネルビジネス、(4) サプライヤー、の4つを提示している。[2]

「エコシステムの駆動者」とはアマゾンなどのプラットフォーマーを指す。「モジュールの製造者」は、複数のプラットフォームに対してプラグ・アンド・プレイできる特定機能(モジュール)を提供する企業で、たとえば決済サービスをモジュールとして提供するペイパルが挙げられる。「オムニチャネルビジネス」とは、顧客体験に重きを置いたビジネスモデルで、デジタルを通じて顧客情報を収集し、顧客のライフイベントに密着して複数のサービスを提供する。最後に「サプライヤー」とは既存のバリューチェーンのなかで、限定的な顧客情報をもとに自社製品・サービスを販売する従来型の企業で、4つのなかではデジタル・トランスフォーメーションがほとんどできていない企業群とも言える。

ウェイルの4つのビジネスモデルが示すように、デジタルは従来の産業構造を大きく揺るがすだろう。エコシステムの駆動者になれる企業は極めて少ないため、大多数の企業はモジユールの製造者やサプライヤーとして巨大プラットフォーマーを利用するか、オムニチャネルビジネスとして自らがニッチな（特定の業種、サービスに特化してコアな顧客層を囲い込む）プラットフォーマーになるか、いずれかを選択しなければならないだろう。いずれにしても、従来の産業構造もしくは業種分類が崩壊し、顧客とのアクセス等のビジネスインフラを提供するプラットフォーマーと、そのうえで特徴のある製品やサービスを提供する企業群に弁別されるようになる。当然、前者の利益率が高いように見えるが、後者であっても他にはないユニークな製品やサービスを持てば余計なビジネスインフラを自らで構築する必要はないので、プラットフォーマーとかぶる機能は徹底してそぎ落としていけば十分な利潤が期待できる。

労働社会から活動社会へ

産業分類あるいは業種の概念が変化していくだけでなく、人間のレベルでも付加価値の生み出し方が大きく変化していくと考えられる。前述したように、英国で始まった産業資本主義社会において、人間の労働力が商品として市場で取引されるようになった。あたかも人間から労働力なるものが分離して、各人の自由意志のもとで売買可能な商品となったのである。それに対して現在進行中のデジタル資本主義では、人間を含むあらゆるモノが生成・発信している情報が取引・交換されるようになっている。あたかも我々が24時間365日生成し続けている情報が、人間から分離して価値を生み出す存在になったかのようでもある。

ドイツの哲学者ハンナ・アレントは、『人間の条件』のなかで、「労働」「仕事」「活動」の3つを人間の基本的な活動力と論じた。そして近世以前は、生きるためにやむなく行われていた労働が3つのなかで最も序列が低く、なるべく人目につかないよう私的領域に隠された存在であったのに対して、産業資本主義の時代に入ると、労働が公的領域に現れ組織化されたこと、さらにマックス・ウェーバーの『プロテスタンティズムの倫理と資本主義の精神』に表れているように、労働が最も価値のあるものとして序列が完全に逆転したことを指摘している。(3)

このアレントの議論をさらに進めれば、産業資本主義は「労働社会」を生み出したのに対して、現在進行中のデジタル資本主義は、これまで私的領域に隠されていた個人の「活動」情報が公的領域に現れ、ビッグデータとして組織化されるという「活動社会」を生み出しつつあると言えるだろう。そこでは人やモノのあらゆる活動（とその情報）が社会を動かす原動力になるのである。

ここでひとつの可能性が思い浮かぶ。それは人間が自分の「活動情報」を商品として売る時代が来るのか、ということである。あたかも英国の産業革命期に、囲い込み運動で土地から切り離された農民が、自身の労働力を商品化して資本家に販売したように、デジタル革命によって職場から切り離された人間が、自分の活動情報を商品として売る世界が到来するのかということである。コンピュータ・サイエンティストのジャロン・ラニアーは、各人がプラットフォーマーに提供している活動情報に対して、プラットフォーマーはマイクロペイメントという形で個人に報酬として支払うべきだと主張している識者の1人である。[4] 他方、ワイガンドのような識者は、そんなことをしても企業から提供されるサービス価格にその分が上乗せされるだけであるし、場合によってはサービスを受けられない人も出てくるかもしれないので無償にすべきだという立場をとっている。[5]

労働生産性から知識生産性へ

産業資本主義では労働生産性が最も重要な管理指標のひとつであった。これは産業資本主義時代に労働力が商品化されたことと対応している。それに対してデジタル資本主義では、同じ生産性でもドラッカーが言うところの「知識生産性」が最も重要な管理指標のひとつになるだろう。知識生産性とは情報をインプットしていかに付加価値（アウトプット）に転換できるかの転換率のようなものである。20世紀のテイラーイズムは労働生産性を急速に引き上げる「生産性革命」をもたらしたが、デジタル資本主義社会ではその知識版、つまりいかに「知識生産性革命」を引き起こすかがカギになる。センサー技術の進歩と価格低下によって、知識生産性のインプットである情報は大量に入手できる状況が整った。まさにビッグデータ時代の到来であるが、これをいかに価値（アウトプット）に転換するかがカギであって、この転換率が高い企業、すなわち知識生産性が高い企業が競争優位性を築くことになる。

知識生産性は消費者と生産者の協働活動

産業資本主義における労働生産性は、労働力をインプット（分母）、生み出される付加価値をアウトプット（分子）として計算されるが、ここでの労働力は雇用契約によって特定の企業に縛られている（近年では兼業を認める会社も出始めているが少数）。つまり産業資本主義は生産要素の所有、言い換えれば「囲い込み」を通じた仕組みであって、労働生産性とは、分母・分子ともに生産者の世界のなかで閉じている。ちなみに近年注目を集めているオープン・イノベーションについても、他社とのコラボレーションという意味では生産者の世界のなかでの活動である。A社とB社の囲いが一時的に結合して、アウトプットの可能性を高めようとしているという意味で、「オープン」とは言いながらも生産者の世界で閉じた取り組みである。
それに対して、知識生産性が労働生産性と全く異なる点は、インプットとなる情報の大半を消費者（顧客）に依存することである。そして生産者はそれをどう分析・解釈して付加価値を生み出すかが勝負になる。インプット（分母）は消費者の世界、アウトプット（分子）は生産者の世界なのである。

知識生産性が高い状態とは、消費者から提供されているインプットが何かしら活用されて、各消費者に対して有益な付加価値を提供できている状態を意味する。逆に知識生産性が低い状態とは、消費者から多くの情報を提供させているにもかかわらず、それがサービスの向上に表れない状態である。たとえば、ユーザー登録の際に生年月日や職業などさまざまなプロフィール情報を入力させられたのに、自身の受けるサービスに全く反映されていないようなアプリを想像していただければおわかりになるように、そのような「知識生産性の低い」サービスは今後淘汰されていく運命にある。

価格を支払意思額に近づける

生産者余剰を高めるひとつの方法が、現在の価格を支払意思額に近づけることである。消費

図表7-2　一律ではない価格で生産者余剰を拡大する

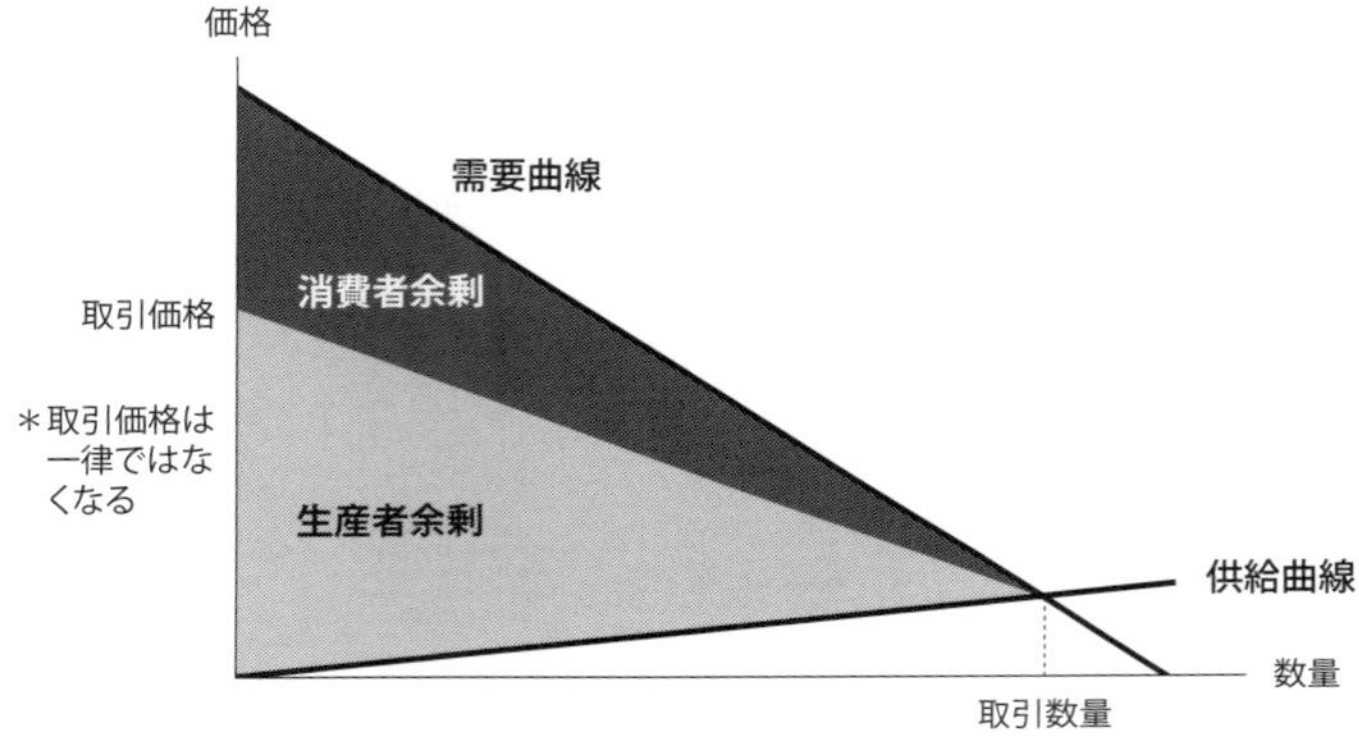

（出所）NRI

者余剰が発生しているということは、価格と支払意思額の差異があることを意味しているから、生産者側からすれば金銭化できていない、とりはぐれた価値があることになる。だからといって単純に一律値上げをすれば売上も利益も逆に落ち込んでしまう。同じ商品・サービスでも人によって支払意思額は異なる。つまり支払意思額が高い人にはなるべく高い値段で買ってもらうことで生産者余剰の面積を拡大するイメージである（図表7-2）。

同じ商品・サービスにもかかわらず人によって支払価格が違う、という例のひとつが航空券である。同じ便で同じクラスのチケットを持っていても、人によって支払った価格は極めて多様である。時間価値が高い人、たとえばビジネス客は比較的高い値段を支払ってもそのチケットを購入するだろうし、逆に時間価値が低い人、つまりこれといった予定もなくのんびりとした観光旅行を考えていて、どの便でも構わないと考えている人は航空券に対する支払意思額が低く、人気がない便の安いチケットを購入するだろう。航空券の場合はすでに図表7-2のような価格体系があるとも言えるが、消費者からさらなるデータ提供を受けることで、生産者余剰をもっと拡大する余地があるかもしれない。

ワイガンドは、航空券を購入した消費者にデータを修正する権利を与え、自分の旅行計画にどのくらいの柔軟性があるかの情報を追加させることで航空会社が追加的な収入を得られる可能性について例を挙げている。(6) そのメカニズムはこうだ。A氏が1カ月後のボストン↓サンフランシスコ間の朝一番のフライトを350ドルで購入したが、A氏の予定は融通が利くため、「200ドルのキャッシュバックが得られるなら遅いフライトに変更可能」と航空会社に伝える。他方、B氏が数週間後に同じ日にちの同じフライトを予約しようと思ったがすでに売り切れていた。

B氏はどうしても朝一のフライトに乗りたいと思ったので、航空会社に「朝一番のフライトに乗れるのなら300ドル追加で払ってもよい」と伝える。航空会社はこの2人のマッチングをすることで、100ドルを追加収入として懐に入れる、という筋書きである。A氏、B氏ともに満足し、航空会社は高い支払意思額を持つB氏のマネタイズ（金銭化）に成功することで、総合的には生産者余剰を拡大できるのである。

この例では企業が提供するサービスの中身は何も変化していない。つまり航空機を使って人を輸送するサービス自体は不変であって、変わったのは顧客から追加でデータ（この例では各顧客の支払意思額）をインプットしてもらい、それを航空会社側で価値に変換したのである。資本主義的な文脈で言えば、航空会社は顧客の航空券に対する支払意思額の差異に着目し、そのコーディネーションを通じて利潤の獲得（鞘抜き）をしたことになる。

アクセス料金体系を顧客に決めさせる

デジタル化およびシェアリング・エコノミーの進展は価格体系を売り切りからアクセスへと変化させている。そこでアクセス料金体系をどう工夫するかによって生産者余剰を増やす可能性についても検討してみよう。第3章で紹介したスポティファイのように、アクセス料金を一律にしてしまうと、金銭化しそこなっている領域がとても大きくなってしまう可能性がある。スポティファイは生産者余剰よりも消費者余剰が33倍も大きかったが、裏返せば消費者の支払意思額の多くを金銭化できていないことを意味する。(7)

アクセス料金体系はこれからどんどん進化していくだろう。デジタル化の進展に伴って製品・サービスがパーソナライズされていくのと同様に、価格体系もパーソナライズされるのである。生産者は顧客に対して「チューニングのためのつまみ」を提供する。顧客は提供されるサービスの条件、すなわちアクセスの条件を自身で調整し、それによって変化するアクセス料金を見ながら意思決定をするのである。ここでのポイントは消費者に柔軟な意思決定ツールを提供することである。サービス提供者があらかじめ複数の料金コース（例：プラチナ、ゴールド、シルバー……）を設定するのではなく、消費者が自分で「つまみ」を調整することで自分に一番合うと思われるサービス内容（と価格体系）を決めるのである。音楽配信サービスで言えば、アクセスできる曲数、ひと月にダウンロードできる曲数、ある月にダウンロードした曲数が上限にまで達していない場合に翌月に持ち越せる権利の有無など、いくつかのパラメーターを消費者に調整させ、それによって変化する利用料金を見ながら消費者に意思決定をさせるのである。

さらに言えば、消費者が自分の意図を明示的にプラットフォームに伝えるだけでなく、生産者が保持している当該ユーザーのこれまでの利用データや、他のユーザーの利用データをもとに、当該ユーザー向けのおすすめプランを作って提案する。これはアマゾンのおすすめ機能をイメージすればわかりやすい。アマゾンである書籍を購入すると、「その本を買った人はこれらの本も一緒に購入しています」といっていくつかの本を推奨してくれるが、当該ユーザーと同じようなプロフィール、好みを持っている人の行動から類推したおすすめプランの作成や、場合によってはユーザー本人が全く思いもよらないような提案をすることもあり得るだろう（例：音楽配信サービスで、ユーザーの視聴パターンから、そのユーザー本人が思いもよらないジャンルの曲を推奨する）。ユーザーからの明示的、暗示的インプットをいかに価値に転換するか、知識生産性の高さが問われてくる。

実験を通して知識生産性を高める

ハーバード・ビジネス・スクールのステファン・トムキは、イノベーションで最も重要なのは実験だと述べている。[8] しかもここでいう実験とは、生産者の世界、つまり企業内のラボで行う閉じたものではなく、顧客を巻き込んだ実験である。トムキによれば、イノベーションは過去の経験やビッグデータに頼るよりも、実験を通じて実現すべきである。過去の成功体験が将来も通用するとは限らない。またビッグデータのなかに答えを見つけたと思っても、それはもはや新規性はなくイノベーションとは呼べない。そうではなく、絶え間ない実験を通じてまだ誰もやっていないこと、まだデータの蓄積がないものを試し、失敗を繰り返すことでイノベーションを引き起こすのである。

この場合、知識生産性のインプット（分母）になるのは、実験に対する顧客からの反応である。その結果を見て、提供するサービス内容（アウトプット）を変化させる。そしてそれに対する顧客の反応を再び見るということの繰り返しである。

トーマス・エジソンは「成功は、24時間にどれだけ多くの実験を詰め込めたかにかかっている」[9]と述べているが、アマゾンやグーグル、マイクロソフトなど、デジタル資本主義の申し子的な企業は、オンライン・プラットフォーム上で顧客を巻き込んだ実験を日々行っていて、[10]エジソンの言葉に忠実に従っている。実験を繰り返し、失敗を積み重ねることで学んでいくのである。[11]

顧客をイノベーターにする

ユーザーにサービス内容と価格体系の「つまみ」を触らせることで、結果として生産者余剰が増加する可能性について述べたが、それをもう一歩進めて、ユーザーがアウトプット自身の開発にも大きく関与するケースを考えてみよう。つまり顧客がイノベーションに関与することで、結果として自身の支払意思額を高める可能性である。

顧客の満足度と支払意思額を高める仕掛けとしてのカスタマイゼーションは古くから行われてきた。テイラーメイドの衣服がその例である。消費者は自分の体型情報や好みの色合い、素材などの情報を提供し、生産者はそれに基づいて各人に合った服を製造する。しかしカスタマイゼーションといえば、生産者にとってコストと手間がかかるものであった。顧客ごとに製品のカスタマイズをしすぎてしまうと、それによってコストが嵩み利益率が圧迫されてしまう傾向にある。つまりこれまでは、カスタマイズと利益率はトレードオフの関係にあると考えられていた。

しかしデジタル化の進展はカスタマイズを行いながら高い利益率も実現できる仕組みを生み出している。トムキはそれを「顧客をイノベーターにする（Customers as Innovators: CAI）」ことだと述べていて、これによってスピーディかつ低コストでカスタマイズが実現できるとしている。

トムキの言葉を借りれば「顧客がどのような製品を望んでいるのか正確に理解する努力をやめ、その代わり、顧客自らが製品を設計・開発できるツールを与える」[12]のである。知識生産性で言えば、分母の情報インプットだけでなくアウトプットを出すところまで顧客がやってしまうモデルである。生産者の役割はアウトプットを出すことではなく、顧客が望んでいる（つまり支払意思額の高い）アウトプットを出してもらうための支援である。香料メーカーのブッシュ・ボーク・アレンは、食品メーカーなどの顧客が自分たちで香料を開発できるツールを制作した。またＧＥはプラスチック製品を顧客自身が設計できるツールをウェブ経由で提供している。これらのアプローチは、ＩＴ技術の進化、特にコンピュータ・シミュレーションやラピッド・プロトタイピング技術の進化に負うところが大きい。

このアプローチは製造業だけではない。欧州のある大手金融機関は、顧客が自分向けの投資ソリューションをデザインできるサイトを立ち上げた。このサイトにアクセスした顧客は、４５０以上の金融アプリ（株式、投資信託、通貨など）から自分に必要なアプリを抽出し、自分向けの投資商品を作ることができる。これによって同社の商品開発コストは劇的に低下したという。利益率とカスタム化のトレードオフを乗り越えたマス・カスタマイゼーションの登場である。

このように述べていくと「顧客をイノベーターにする」というＣＡＩアプローチは明日にでも取り入れたい夢のアプローチであるかのように聞こえるかもしれないが、実際は社内の組織構造、権力構造を大きく揺るがすアプローチのため、導入の難易度は高い。ブッシュ・ボーク・アレンで言えば、調香師（フレーバリスト）、金融機関で言えば商品開発部門は企業内の花形部門であり、その企業のコア・コンピテンスを担っていると言っても過言ではない。そしてＣＡＩアプローチはそのような花形機能を顧客に開放するわけであるから、全社を揺るがす議論にまで発展することも珍しくないのである。

マス・カスタマイゼーションを、国を挙げて進めているのがドイツの「インダストリー

図表7−3　インダストリー4.0のなかのマス・カスタマイゼーションのイメージ

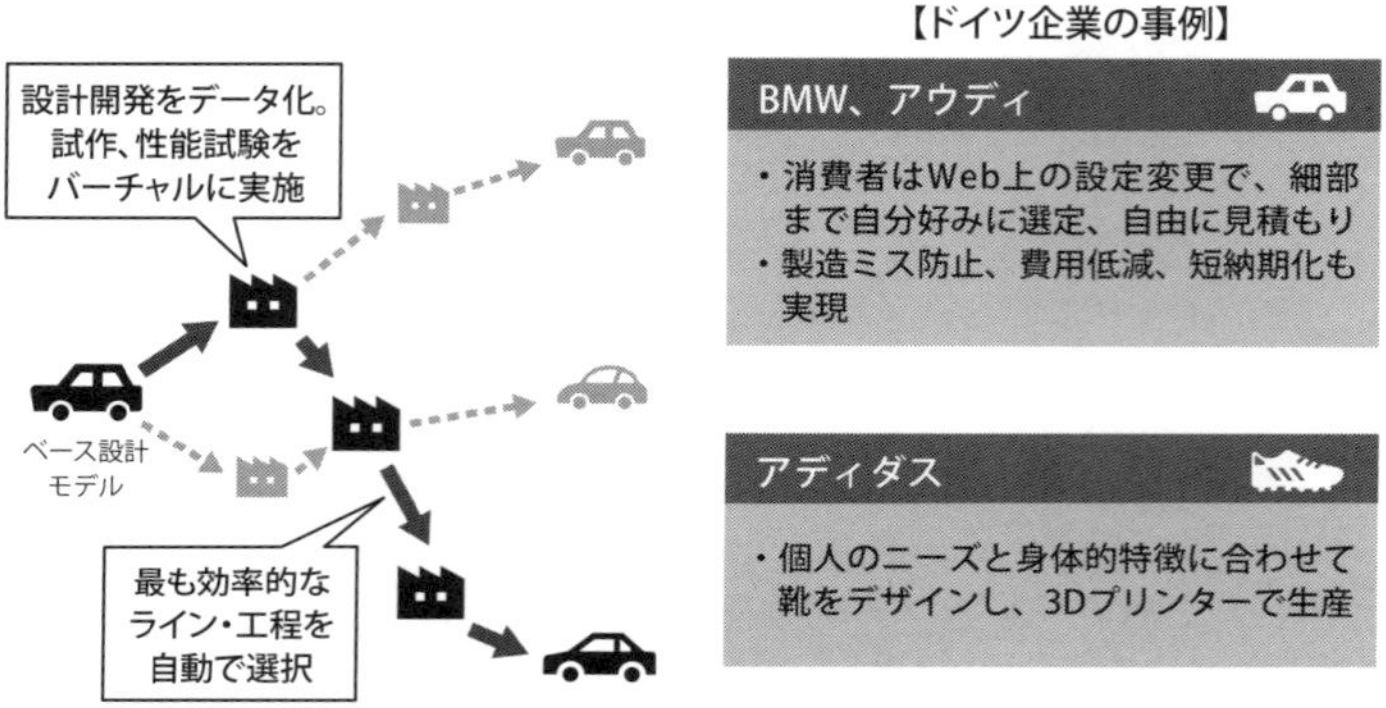

（出所）経済産業省『2015年版ものづくり白書』よりNRI作成

4・0」構想である。具体的には、IoTを活用して設計から販売まですべて情報をつないで顧客一人ひとりのニーズにできるだけ合うような生産システムを構築する。カスタマイズによって製品価値が高まるだけでなく、無駄な在庫を抱えなくても済むため、生産者にとってのメリットも大きい。BMWやアウディといった自動車メーカーではデジタル化された設計から生産までの情報を統合し、顧客の個別の要求仕様に対して、まずソフトウェア上で最適な生産ラインや部品調達をシミュレーションして、実際の生産システムがその通りに動くようになっている（図表7−3）。

スポーツ用品のアディダスでは、すでに3Dプリンターを活用して消費者の足にフィットしたテイラーメイドのスポーツシューズが商品化され、最近では店頭でレーザースキャンした消費者の体型に合わせたニット服が数時間後には届けられるというサービスも始めている。いずれもロボットを大量導入したスピードファクトリーがそれを実現しているのである。

第5章で、デジタル時代の希少性のひとつとして「こだわり」があることを挙げたが、これは消費者から「こだわり」を積極的に引き出すことを意味する。「こだわり」を引き出すことで消費者の支払意思額を高め、あわせて価格も上げられる可能性が高まるからである。

生産者と消費者の境界が曖昧に

知識生産性とは、消費者（顧客）からのインプットをもとに生産者がいかにアウトプットの価値を高められるかという意味で消費者と生産者のコラボレーションだと言える。この傾向は、顧客をイノベーターとして関与させることでさらにその傾向が強まるだろう。そうなってくると、価値創造のうちどのくらいが消費者に帰属していて、どのくらいが生産者に帰属しているのかが曖昧になることを意味する。また商品・サービスがパーソナライズされていくに従って価格体系も多様な形態をとることが想定されるので、デジタル化の進展は、第3章で紹介したような消費者余剰、生産者余剰という概念を最終的には曖昧にしていくことが予想される。生産者と消費者の境界が曖昧になるのである。

そうであるのならば、第3章で見てきたように、GDPという生産者余剰の世界の指標だけにこだわることはピンボケした写真をじっと見続けているようなものである。そうではなく、レンズを付け替えて生産者余剰と消費者余剰の両方、つまり総余剰に着目すべき理由はここにもある。

PART

Ⅲ

デジタル資本主義の多様性とその未来

第8章
デジタルを世界史のなかに位置づける

世界史を交換様式から捉える

PARTⅡでは、デジタル資本主義の登場によってこれまでの産業資本主義が前提としていた生産者中心の経済観がぼやけていること、さらに産業資本主義が拠り所としてきた所有からアクセスへの価値観の変化や、民間企業、消費者によって公共財・準公共財の領域が提供され始めていることなどを示してきた。

デジタル資本主義は、資本主義の第3段階であると同時に、これまでの資本主義の歴史をデジタル空間上で再現しているかのようでもある。黎明期（20世紀後半）のインターネット普及時には、価格の差異を発見する商業資本主義のような特徴を備えていたが、その後21世紀に入ってからは、クラウドサービスやSaaSなどを活用することでコスト面での差異を生み出すことが可能となり、さらにマス・カスタマイゼーションといった、顧客の支払意思額の面でも差異を生み出す仕組みが登場するなど、産業資本主義的な特徴も生まれている。

しかしデジタルは、商業資本主義や産業資本主義を単にデジタル空間上でなぞっているだけではないとも考えている。デジタル空間上では見知らぬ人とのシェアリング（ストレンジャーズ・シェアリング）が行われていたり、地理的な制約にとらわれない情報交換プラットフォームが登場するなど、これまでの歴史上存在していなかった新たな社会構成体、あるいは交換様式を生み出しているのである。そこで本章では、日本の思想家である柄谷行人が提唱した世界史の構造変化モデルをもとに、デジタルを世界史のなかに位置づけてみたいと思う。

柄谷は世界史の構造を交換面から捉え、AからDまでの4つの社会構成体と交換様式があることを示している（図表8-1）[1]。横軸は不平等／平等、縦軸は拘束／自由という区分である。交換様式Aは共同体間での互酬（贈与と返礼）である。未開社会においてはこの交換様式が支配的であったが、現代社会においてもこの様式は根強く残っている。たとえば日本でも、結婚祝いをもらった新郎・新婦はそのお返しをする習慣があるが、これも家と家の間の互酬である。A：互酬は、双方にとっての義務（拘束）だというのが大きな特徴である。『贈与論』

図表8-1　交換様式と社会構成体

	不平等	平等
拘束	B　国家 （略取と再分配：支配と保護）	A　共同体 （互酬：贈与と返礼）
自由	C　資本 （商品交換：貨幣と商品）	D　X （X）

（注）柄谷はAの社会構成体をネーションと呼んでいるがここでは共同体とした。かっこのなかが交換様式
（出所）柄谷行人『世界史の構造』（岩波現代文庫、2015年）をもとにNRI作成

を書いたマルセル・モースが指摘しているように、与えること、受け取ること、お返しをすること、という3つの義務が発生しているのである。[2]またこの交換様式では双方の立場が平等である。むしろ互酬を通じてそのバランスがとられていて、返礼をしないと平等のバランスが悪くなる。さらに言えば、支配的な位置づけを得ようと贈与合戦が行われることもある。[3]

交換様式Bは略取と再分配（支配と保護）である。ここでの主要な社会構成体は国家である（より正確に言えば、共同体のなかで支配的な存在となった支配共同体）。国家などの支配共同体は他の共同体から年貢や税金といった形で略取を行うが、その見返りとして灌漑や社会福祉、治安のような形で再分配をする。年貢や税金は義務であり、国家も再分配を義務づけられている（さもなければこの交換様式は長続きしない）。

国家は領民を支配する見返りに保護するのである。A：互酬と違う点は、この交換様式では双方の立場が不平等なことである。権力を持つもの（支配者）と持たないもの（被支配者）の間の交換となる。さらにここでは社会のなかで階級（身分）が生まれる。

交換様式Cは商品交換（貨幣と商品）である。ここでの主要な社会構成体は資本家（および企業）である。資本主義システムのもとで、貨幣と商品が交換される。商品のなかには労働力商品も含まれる。この交換様式ではA：互酬、B：再分配と違って、相互の合意、つまり自由意志によって交換が行われる。交換様式Cでは相互の自由意志を前提にしているが、相互の平等は意味しない。(4) 貨幣（資本）を持つ側がより強い力を持つこと、そして貨幣（資本）を持つ側が継続的に資本を蓄積することで貧富の差を生み出すことから、身分とは違った意味での不平等を生み出す交換様式である。

現代社会は交換様式A～Cが同時に存在しているが、最も支配的な交換様式はC（商品交換）である。柄谷によれば、交換様式A～Cまでが実在するが、右下の領域Dについては想像的なもの、あるいは理念的なものである。さらに言えば、Bの国家、Cの資本の影響力が強くなるにつれて抑圧されてきた「A：共同体」を、高次の次元で回復させようとする試みが交換様式Dだという。交換様式Dでは交換が自由意志に基づいて行われ、しかも双方（参加者）の立場は平等である。柄谷はXにあてはまる概念として、普遍宗教や、社会主義、アナーキズム（無政府主義）、イマヌエル・カントが提唱したアソシエーション（世界共和国）などを挙げている。

柄谷モデルの重要な特徴は、交換様式A〜Cは常に複合的に存在しているという考え方である。つまり、交換様式A〜Cは、すべて多かれ少なかれ古代から存在していて、「先進国」と呼ばれている国々は、支配的な様式がA→B→Cと推移してきたけれども、それは他の様式が消え去ったことを意味しない。たとえば21世紀の日本は、交換様式C（商品交換）が日常生活のなかでの支配的な様式だが、税金と社会保障という形でBも当然存在しているし、先に例を挙げた結婚祝いのように交換様式Aも根強く残っているのである。また同じ21世紀でも南太平洋に住む先住民族のように、交換様式Aの影響力が依然として強いところもあるし、経済の多くが国営企業で運営されているような国は、事実上Bの交換様式が強いことを意味するなど、その構成比率は国や地域によっても異なる。

「D」の領域を生み出そうとするデジタル

デジタルはC：資本主義が生み出した技術である。そしてPARTⅡで詳しく見たように、デジタル資本主義とも言える新たな資本主義の形態を生み出している。シェアリング・エコノミーやマス・カスタマイゼーションのように、これまでは不可能だった差異の創出方法を生み出しているのである。このようにデジタルは基本的にはCの領域を進化させる働きをしてきたと言えるだろう。

しかし話はそこで終わらない。本書ではデジタルがDの領域も生み出そうとしているという仮説を提示したい。そこでの交換様式は（見知らぬ人々との間の）「シェアリング」で、中心となる社会構成体はPARTⅡで紹介した「デジタル・コモンズ」である（図表8-2）。

第6章で紹介したデジタル・コモンズは、自由で平等な交換様式を目指して構築された社会構成体と言ってもよい。ここで、「目指して」いるというのがポイントである。つまりデジタル・コモンズのほとんどは、Dの要素も含んではいるが貨幣の蓄積を目的としていることも多く、どちらかといえばC寄りの仕組みであって、Dの領域が意味する純粋なシェアリングを行っていない。スンドララジャンは、現在のシェアリング・エコノミーは市場経済と贈与経済のハイブリッド型だと述べているが、柄谷モデルにあてはめればCとDのハイブリッドだと言えるだろう[5]。

逆に言えば、シェアリング・エコノミーのビジネスモデルには、Cの要素が強いものから、Dの要素が強いものまで多様性があるとも言える。たとえばライドシェアリングサービスを例に挙げると、ウーバーはCの要素が非常に強い。ウーバーのプラットフォームは中央集権

図表8-2　デジタルが生み出そうとしているDの領域

	不平等	平等
拘束	B　国家 （略取と再分配：支配と保護）	A　共同体 （互酬：贈与と返礼）
自由	C　資本 （商品交換：貨幣と商品）	D　デジタル・コモンズ （シェアリング）

（出所）柄谷行人『世界史の構造』（岩波現代文庫、2015年）のフレームをもとにNRI作成

型で、ドライバーには価格設定権やルートの選択権がない。またウーバーの定めたサービス水準に達していないとみなされたドライバーにはウーバーから厳しいペナルティが科されるなど、ドライバーに自律性が与えられておらず、中央による強いコントロール型である。それに対して、イスラエルで２０１３年に創業されたラズーズ（La'zooz）は、分散型のライドシェアリングサービスでＤの領域に近い。ラズーズの最大の特色はＤＡＯ（Decentralized Autonomous Organization：自律分散型組織）というコンセプトを中核に置いていることである。これは簡単に言えばコンピュータ・プログラムとスマートコントラクトによってプラットフォームが運営されるやり方で、中央集権ではなく分散かつ自律的な運営を意図している。ラズーズの仕組みは以下の通りである。参加したいと思う人はまずスマートフォンに専用アプリをダウンロードする。そして路上を

20㎞以上運転するとズーズというトークンが獲得できる。ズーズはトークンセールスを通じても購入できるが、参加者が増えてさらに走行距離数が増えることでズーズの発行高がある一定値(クリティカルマス)を超えると、実際のライドシェアリングサービスが開始される、というシナリオである。(6)

貨幣による対価を求めないシェアリング

Dに該当する純粋なシェアリングとは何か。それは貨幣による対価を求めない、多対多の間で起こる「シェアリング」である。第4章の協働型消費のところで紹介したフリーサイクルのように、貨幣による対価を求めない純粋な贈与はその一例である。しかし与えるものは財やサービスだけではない。ウィキペディアのように、対価を求めず自分の知識をシェアリングすることもここには含まれる。また3Dプリンターのデザインデータを無償でシェアしているシンギバースというプラットフォームがあるが、これもDの領域に属する。シンギバースでシェアされるデザインデータは、特定の誰かに対してシェアされるのではなく、不特定多数にシェアされる。つまりオープンなシェアリングである。さらに、利用者はデザインデータを無償でダウンロードできるが、その人の自由意志でクリエイターにチップを支払うことができる。これはケヴィン・ケリーが述べていた、デジタル時代に人々は何にお金を支払うのか、のなかのひとつの「支援者（投げ銭、お布施）」に該当する。チップは自由意志に基づくという点でもDの領域だと言えるだろう。

PARTⅡで、無料のデジタルサービスは消費者余剰しか生み出さないこと、また消費者余剰を決める支払意思額は各人の主観的な領域であることを述べたが、シンギバースに見られるように、Dの領域では、チップという形で各人の支払意思額が顕在化する。第3章で述べたGDPのピンボケ現象は、突き詰めていくとDの領域の存在感が増していることがその原因だと考えている。

多対多で行われるバーター（物々交換など貨幣を介さない交換）もDに含めたいと思う。まず我々は物々交換というとA：共同体での交換様式かと思いがちだが、ケンブリッジ大学のキャロライン・ハンフレーなどの文化人類学者が指摘しているように、現代人が考えているような実用性重視の物々交換が未開社会で行われていたという証拠はない。[7]より正確に言えば、Aの社会でも確かに物々交換はあったけれども、それはお互いが実用面で必要とするモノ同士の交換ではなく、儀式的かつモースの言葉を借りれば全体的（政治、経済、宗教など）な関係性維持のための交換で、モノ対モノとも限らず、宴会と宴会の交換もあり得る。またAの領域での交換は1対1（より正確にはある共同体とある共同体）の間で行われ、交換相手はファーストコンタクトを除けば「見知った相手」である。それに対して、Dの領域で行われるバーターは、儀式的ではなく実用性だけを求めた交換であること、また多対多（つまりオープンな世界）のなかで行われ、さらに自分が提供するモノが誰の手に渡るのか、また自分が欲しいモノが誰から手に入るかは事前にわからない。基本的に見知らぬ人々の間での物々交換なのである。

柄谷は、交換様式Dの領域とは、交換様式Aへの回帰ではなく、それを否定しつつ、高次元において回復するものだと述べているが、[8]デジタル空間での多対多のバーターにおいてその特徴が現れている。

デジタル空間のバーター・プラットフォーム

デジタル空間においてバーター・プラットフォームが増加しているが、大きくは2つの背景がある。1つ目はデジタル技術がマッチングを可能にしたことである。そもそも物々交換が難しいのは「欲求の二重の一致」が滅多に起こらないからだと言われてきた。A氏とB氏が物々交換をしようと思ったとしよう。その場合、A氏が手放してもいいと思っているモノをB氏が欲していること（第1の欲求）、さらにB氏が手放してもいいと思っているモノをA

氏が欲していること（第2の欲求）の両方が同時にそろう必要がある。そしてこの欲求が二重に一致することが難しいのである。

しかしこれは1対1の物々交換の話である。大勢の参加者がいる多対多のデジタル・プラットフォームであれば、欲求が二重に一致する可能性が格段に高まる。さらに言えば、2人の間の物々交換である必要はない。2007年に米国で立ち上がったスワップ・ツリーという物々交換サイトでは、三者を介する物々交換アルゴリズムが用いられていた。[9] たとえばニューヨークにいるA氏がダラスのB氏に植木バサミを送り、B氏がサンフランシスコのC氏にテレビ台を送り、C氏がニューヨークのA氏にプリンターを送る。そして三者とも自分の欲しいモノが手に入るという仕組みである。[10] ネットワークだけでなくこういったマッチング・アルゴリズムの開発が可能になったことも物々交換のハードルを下げたのである。

2つ目は経済的な理由である。ある経済誌によれば、現在世界のなかで物々交換が盛んに行われているのはベネズエラとギリシャである。[11] ベネズエラでは年率4000％のハイパーインフレーションが起こり、通貨ボリバルは紙屑同然となってしまった。そのようななか、インスタグラムなどのサイトに物々交換専用のアカウントが開設され、さまざまな生活必需品が交換されているという。またギリシャも経済危機と緊縮財政政策を背景にユーロの供給量が激減し、その結果、地域通貨が生まれたり物々交換サイトが発達しているという。つまりCの資本主義システムが麻痺状態に近い国において、それを補完する手段として物々交換が発達しているのである。多くの記事がギリシャやベネズエラについて「貨幣が発明される以前の状態に戻った」と述べているが[12]、これらの国々が交換様式Aの状態に戻ったという解釈は正しいとは言えないだろう。現在これらの国で発達している物々交換とは、多対多のデジタル空間において、見知らぬ人々の間で行われているものであって、交換様式Aへの回帰ではなく、Aに似てはいるがそれを否定しつつ、高次元において回復するもの、つまりDの領域の発現だと考える方が正しい。

信頼基盤の変化

スンドララジャンは、PARTⅡでも紹介したフランスのライドシェアリング企業であるブラブラカーとの共同研究を通じて、信頼を生み出す基盤の変遷について研究をしている（図表8-3）。具体的には、信頼基盤が家族→コミュニティ→政府→（第三者）機関→企業や商品ブランド→デジタル・トラスト・グリッドと徐々に拡張しつつあって、それに伴って構築できる信頼のスケールも大規模になっていることを示している。

これは先ほどのモデルにあてはめて解釈することができる。つまりA：共同体では家族、

図表8-3　信頼基盤の拡張と変遷

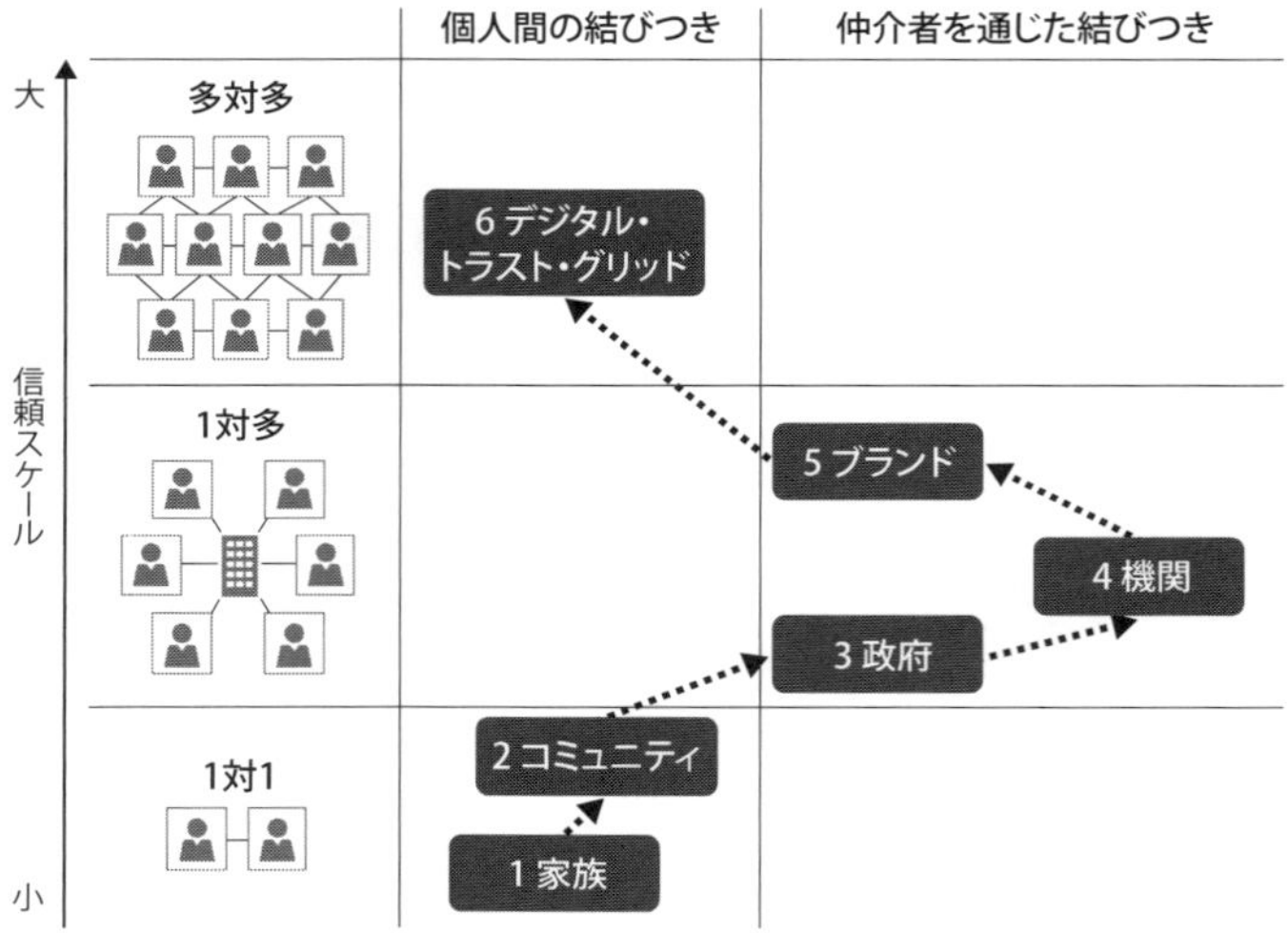

（出所）BlaBlaCar and New York University's Stern School of Business, "Entering the Trust Age"（2016）をもとにNRI作成

コミュニティが唯一の信頼基盤であったが、B：国家が登場してくると、政府が信頼基盤の提供者として新たに登場する。そしてC：資本主義の世界では、機関（契約の法制度や民間の第三者機関による認証）、さらには企業や商品ブランドも信頼の基盤となってきた。そしてD：デジタル・コモンズの登場は、スンドララジャンが呼ぶところの「デジタル・トラスト・グリッド」を生み出したのである。デジタル・トラスト・グリッドにおいては、多対多のなかで個人間の取引を通じて信頼が生み出される。ECサイトでは個人間の取引でお互いがお互いを評価する。いわゆるピ

アレビューである。個人間で信頼が培われるという意味ではＡ：共同体での家族、コミュニティと似ている。しかしそのスケールは家族、コミュニティと比較して圧倒的に大きい。つまり交換様式Ｄが、Ａへの回帰ではなく、それを否定しつつ、高次元において回復するものだという点は信頼基盤の変遷においても見てとれるのである。

自由で平等な領域を目指すこと

交換様式Ｄの領域では「自由」で「平等」な交換が行われることになるが、柄谷が述べているようにこれは理想でしかないのだろうか。ラニアーは、デジタル空間上で情報をシェアすることで理想郷を作ろうという考えはまさに理想であって、仮に情報をシェアする人間同士が平等であったとしても、コンピュータの性能は平等ではないから、最高性能のコンピュータ（彼はこれをサイレン・コンピュータと呼んでいる）を持つ主体に富が集まるだろうと述べている。[13]ラニアーの言うように、デジタル化によってこの領域を１００％実現することは不可能なのかもしれない。しかし仮に不可能だったとしても、この領域の実現を目指す人々が常に存在することも真実である。

ジャン＝ジャック・ルソーは『社会契約論』のなかで自由と平等について論じ、この本は後のフランス革命の重要な原動力となった。[14]同書によれば、人間は本来「自然状態」（注：孤立した個人が各々自立的な生活を営んでいる状態）のもとで自由と平等であったが、よりよい生活を送るために社会契約を結び「社会状態」に移行した。社会状態に移行することの代償として自由と平等が失われていったが、自由と平等を目指す人間の意志は失われず、社会状態のなかでも自由と平等を復権させることは可能で、その方法は人民の「一般意志」が主権者となることだと論じたのである。

ルソーの思想はフランス革命の原動力になっただけでなく、日本でも自由民権運動の原動力になるなど多くの国々に拡散し、さらに後の哲学者、思想家に大きな影響を及ぼしてきた。ウィキペディアやシンギバースのようなデジタル・コモンズや、ＤＡＯ（自律分散型組織）というようなコンセプトの登場を見ると、デジタル時代においても、ルソーの思想は間接的にも直接的にも根強く生き残っている気がしてならない。ルソーの時代、自由と平等の思想は君主制あるいは貴族制政治への対抗思想という意味合いが強かったが、現代においては資本主義下で拡大する格差への対抗という意味合いが強いと言えるだろう。資本主義がその機能を先鋭化し、不平等を生み出せば生み出すほど、その反作用としてＤの領域を構築しようとする力が強まるのである。第２章で資本主義と民主主義の対立があることを見たが、デジタルはＣ：資本主義の領域を強化するだけでなく、Ｄの領域を構築することで民主主義の強化にも貢献できるのである。現代社会でこれを主導しているのは、リフキンが「コモナーズ（協働主義者）」と呼んでいるような人々である。

資本主義の一時的な機能低下でも発現するD

しかしDの領域が生まれようとする動機は、C：資本主義の先鋭化による不平等の拡大だけではない。資本主義システムが何らかの理由で機能低下、あるいは影をひそめると、交換様式Dが発現するという可能性についても考えてみよう。資本主義が機能低下すると、Bの国家やAの共同体がそれを補うべく活動量が増える。たとえば２０１１年の東日本大震災のような大規模な震災が起こると、資本主義は一時的とはいえ影をひそめる。そしてB：国家による人命救助や被災者支援に加えて、Aの共同体が助け合いのバックボーンとしてまず機能する。

しかしそれだけでなく、全国からのボランティア、義援金といった、交換様式Dに該当する、自由意志に基づいた純粋贈与が多く見られたのである。[15]そしてこれらの活動の背後にはスマートフォンやSNSが情報発信、収集、共有などの面で大きな役割を果たした。また民間企業も、一時的にではあるが資本の蓄積過程を中止して、対価を求めない商品・サービス、ノウハウの純粋贈与を行ったのである。東日本大震災のあと、海外メディアのいくつかが、日本の社会が無秩序に陥らず、むしろ結束を強めたさまを見て驚きと称賛の報道をしたことは日本でもニュースになった。これをルソーおよび柄谷流に言えば、以下のように解釈できるのではないか。つまりあれだけ大規模な災害に見舞われると、人間はルソーが言うところの社会契約を破棄して「自然状態」に戻ってもおかしくない（これはルソーの定義に従えば交換様式Aすらも存在しない獣的な世界である）。つまり自分の生命維持だけが目的となって略奪をも厭わない状態である。しかし日本人はそうはならずむしろ社会の結束を強めた。言い換えれば交換様式A、Bが強化され、さらに交換様式Dが一時的に日本全体で発動されることで「社会状態」がむしろ強化されたのである。つまり外国人が何に驚嘆したかといえば、一時的とはいえ交換様式A～Dがすべて出揃い社会状態が強化されたこと、さらにそれぞれがお互いを補完している様を見て、何か完成された理想的な社会状態のようなものを、震災という特殊な状況下で垣間見たから、と言えはしないだろうか。

第9章

デジタル社会の多様性

デジタル資本主義は「恐ろしい」のか

第8章ではデジタルによって資本主義がどう進化しようとしているのか、またデジタルが資本主義のその先の領域を生み出そうとしている点についても述べてきたが、これは進化論的な視点と言えるだろう。本章ではさらに生態論的な視点を加えてみたいと思う。生態論的な視点とは何かと言えば、国もしくは文化圏によってデジタル社会の異なるバリエーションが生み出される可能性があるという視点である。その最大の要因は文化や価値観の違いである。

筆者がＭＩＴの研究員と意見交換をしていた時のことである。彼はデジタル資本主義とでも呼べるような新たな仕組みが影響力を増していることに同意しながら、「私はデジタル資本主義を恐れている」と話してくれたのである。この瞬間、軽い違和感を抱いたのだが、なぜかと言えば、資本主義という言葉にかかる否定的な言葉は通常「嫌い」だからである。それに対して、何かを「恐れる」という場合、正体がわからない、しかもどちらかといえば人間に対して悪い影響を及ぼす可能性が高そうだが対策が思い浮かばない、というものを相手に用いられる。

では何を恐れているのか。それはデジタル資本主義の世界では、ホワイトカラーも含め多くの仕事がロボットやＡＩに置き換えられ大量の失業者が生まれるというシナリオであったり、さらに先を進めて、汎用人工知能なるものが人間の叡智を超えた存在になり、人間はその奴隷に成り下がってしまう、あるいは人類が破滅してしまうといったシナリオである。ハリウッド映画や多くの本（SF小説ではなくまじめなビジネス書も含めて）がこのような未来像を描いているが、このような世界観はどちらかといえばアジアよりも欧米社会で強いのではないかという印象を受ける。そこで次に、ＮＲＩが２０１５年に日・米・独で行った消費者調査の結果を紹介し、価値観の違いがもたらすロボットやＡＩの受け止め方を見てみたいと思う。

国ごとに異なるロボットやＡＩの受け止め方

近年、ロボットやそれを支えるＡＩ（人工知能）技術の活用に対する注目度は高まっており、実際に国内・海外を問わず、さまざまな企業の先進的な研究や取り組み、その社会に与える影響に関する論考が、多くのメディアを賑わしている。たとえば、ＮＲＩはマイケル・オズボーン准教授（オックスフォード大学）と共同研究を行い、その成果を２０１５年12月に「日本の労働人口の49％が人工知能やロボット等で代替可能に」というタイトルのニュースリリースとして発表し、大きな反響を得ている。

２０１５年11月、ＮＲＩは日本、米国、ドイツの消費者を対象に、ロボット・ＡＩ技術の導入に関するインターネット調査を実施した。その結果、ロボット・ＡＩ技術に関する知識、受け止め方、利用意向等について、日本、米国、ドイツでそれぞれ違いがあることが明らかとなった。

一口にロボットと言っても、さまざまなものがある。ルンバのような１つの機能に特化したものから、ペッパーのようにコミュニケーションを目的としたソーシャルロボットまで、形や用途は違えども同じロボットである。まずは、一般の消費者がどのようなものを「ロボット」と捉えているのかをみると、各国ともに「人型ロボット」や「工場の組み立てロボット」は総じてロボットとして認識される一方、「お掃除ロボット」や「小売店にある誘導用ロボット」等の人型をとらないものは、ロボットのイメージとはやや異なる認識を持たれていることがわかった。特に日本においてはその傾向が顕著に表れており、幼い頃に『鉄腕アトム』や『ドラえもん』等のロボットアニメを観て育った日本人にとって、人に近い形をして人間と生活をともにするパートナーのような存在を無意識にイメージしてしまうのかもしれない。一方、日本と同じ産業立国であるドイツにおいては、他国と比べて、感情を持たず、人間の命令を忠実に実行する産業用ロボットを「ロボット」と強く認識する傾向がみられた。

次に、生活に「ロボット」が関わることについて尋ねたところ、いずれの国においても6割から7割が「受け入れられる」と回答しており、ロボットに抵抗感のある層は少ないことがわかった。次に、ロボットの購入意向について尋ねたところ、米国では「1年以内に購入したい」という回答が28%、「1年から5年以内に購入したい」という回答と合わせて、購入に前向きな層が51%も存在し、「興味が無い／購入したくない」という層は18%にとどまっている。一方、日本では「1年以内に購入したい」という回答は6%しかなく、むしろ「興味が無い／購入したくない」、「わからない」と回答した人が合わせて6割もいる。ドイツは、米国と日本の中間で、34%が5年以内の購入を希望している（図表9-1参照）。

図表9-1　ロボットの受容性と購入意向

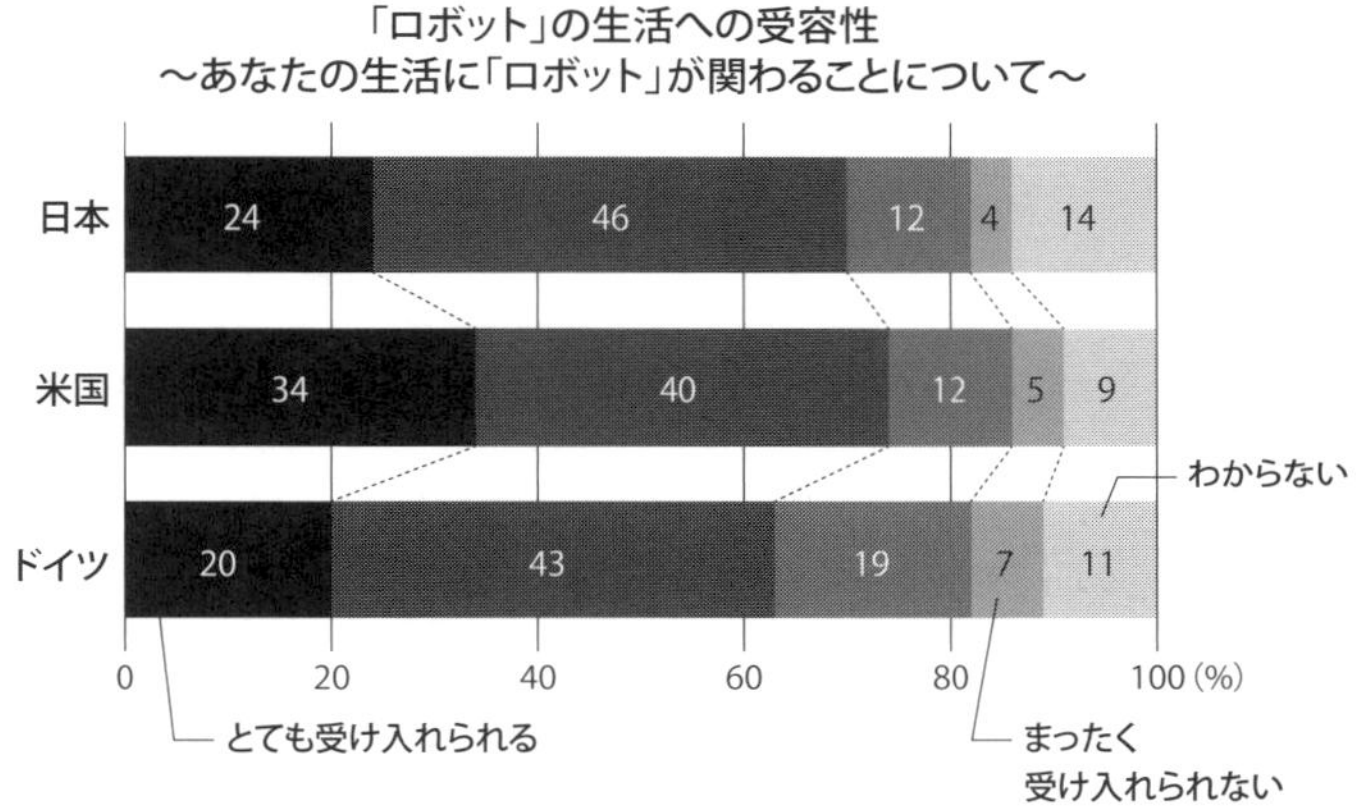

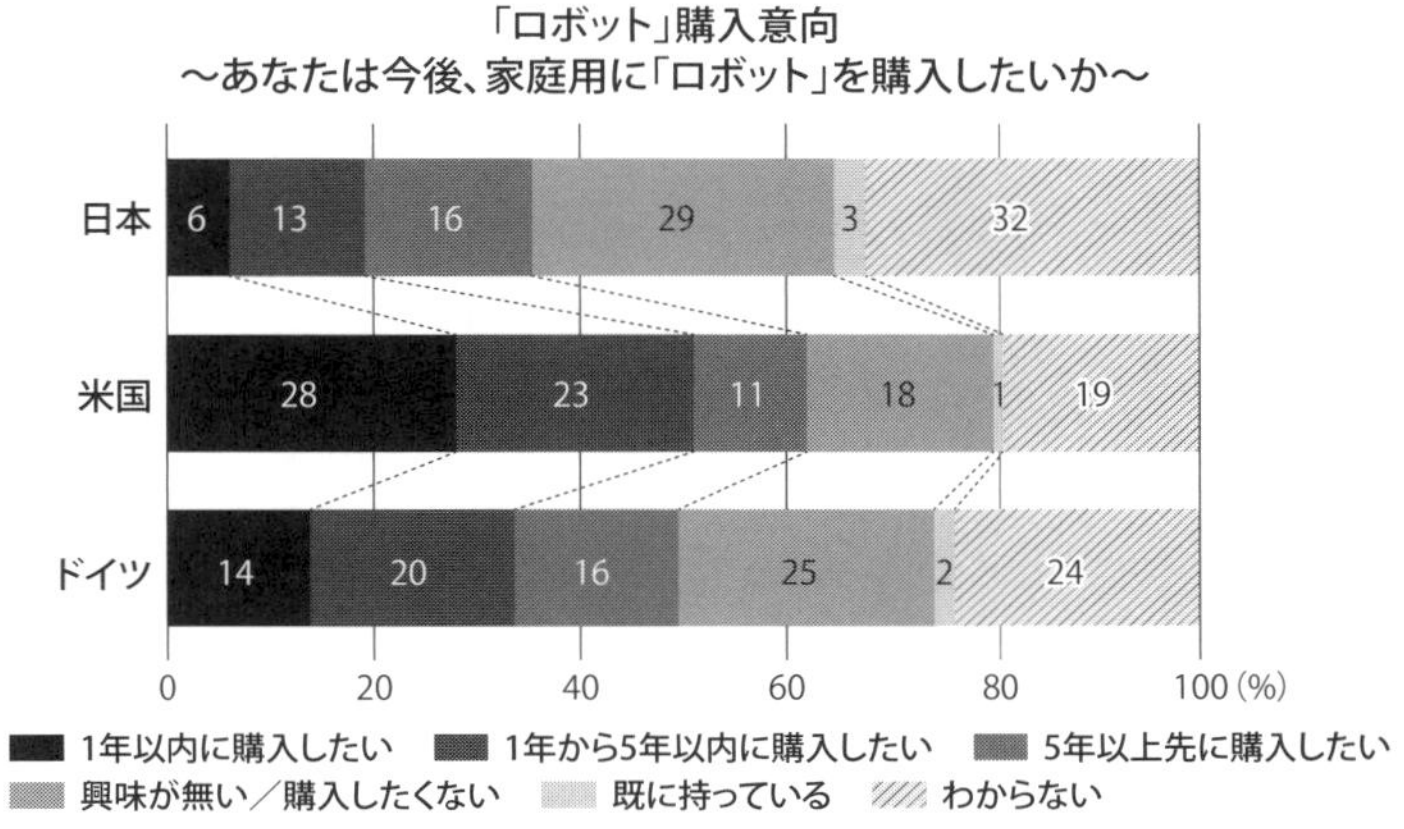

（注）・インターネットを通じて日本（1,390人）、米国（1,369人）、ドイツ（1,382人）の16〜69歳の人に調査を実施。
・『ロボット』の生活への受容性は、「とても受け入れられる」から「まったく受け入れられない」までの4段階尺度、および「わからない」のなかで回答してもらっている。
・図表の結果数値（%）は四捨五入の関係で、内訳の合計が100%に一致しないことがある（図表9-2〜9-4も同様）。
（出所）NRI「ロボット・AIに関する日・米・独インターネット調査」（2015年）

いずれの国においても、消費者の意識のなかでロボットを受け入れる意識は形成されているものの、それが近い将来に実現すると最も強く感じているのは米国であると考えられる。実際、先進的にロボットやＡＩを開発している企業が米国のシリコンバレーに集中しており、米国がロボットの先進市場となり、他国に先んじて市場が立ち上がることが想定される。

一方、日本では、ロボットの生活への受容性は高いが購入意向は低く、ロボット社会が現実のものとなるのはまだ先のことと考えている消費者が多いことがうかがわれる。

科学技術が社会にもたらす影響をどう見るか

日本、米国、ドイツの消費者のロボットに対する受容性、考え方の背景にある、科学技術をめぐる各国の消費者の価値観について見ると、たとえば公道での自動運転の実験については、好感度が最も高いのは米国、次いで日本、ドイツとなっている。反対に、好ましくないと回答した人の割合が最も高いのはドイツであり、次いで米国、日本となっている（図表9－2）。

米国は好感度の高い人とそうでない人で意見が二極化している傾向が見られる。日本は好感度が比較的高いものの、事実として知っている人が少なく、好感度についても中間の選択

図表9-2　最新の科学技術情報の認知・好感度

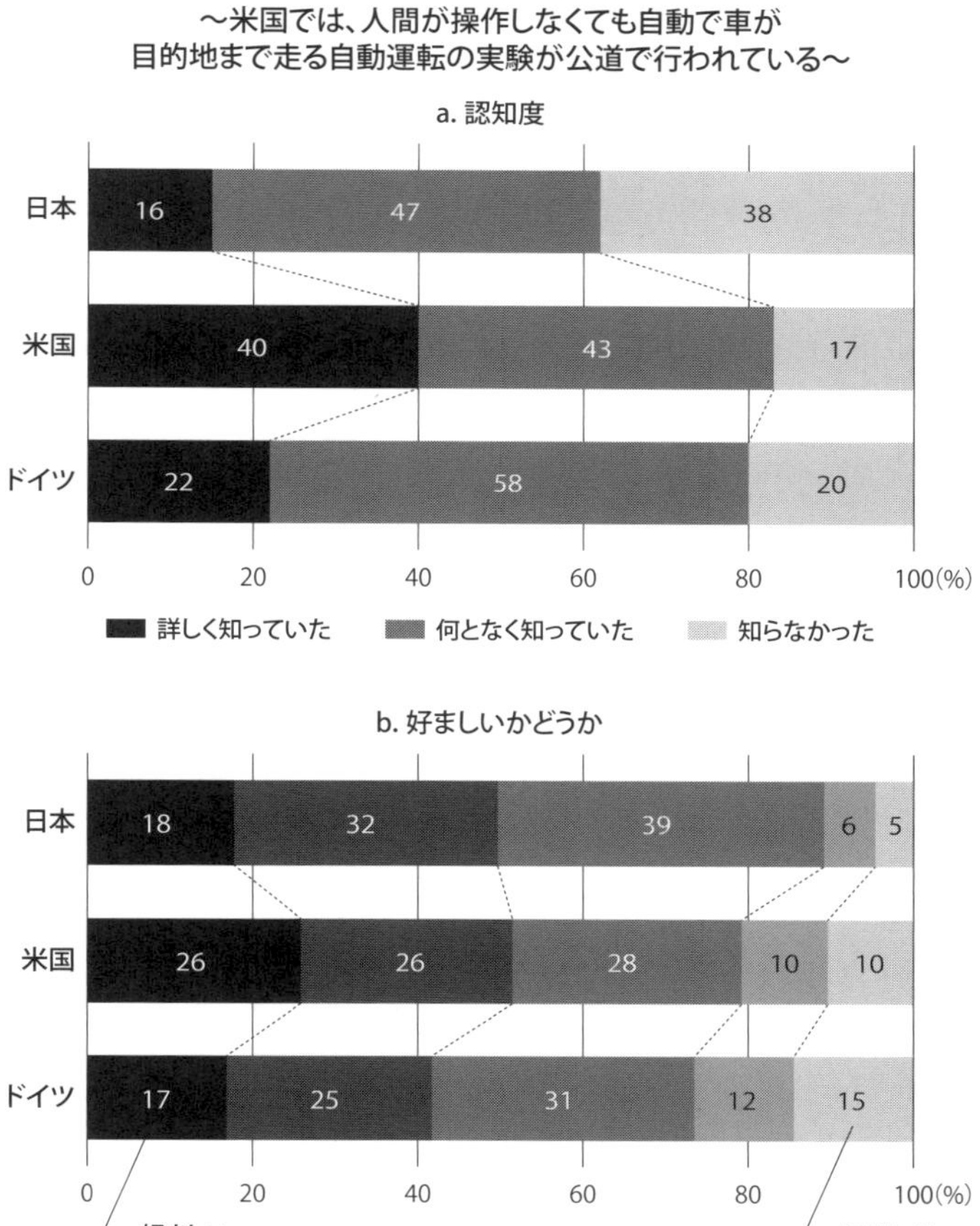

（注）・インターネットを通じて日本（1,390人）、米国（1,369人）、ドイツ（1,382人）の16～69歳の人に調査を実施。
・好ましいかどうかについては、「好ましい」から「好ましくない」までの5段階尺度で回答してもらっている。
（出所）NRI「ロボット・AIに関する日・米・独インターネット調査」（2015年）

肢を選ぶ人が多い。ドイツは人工知能が人間の知力を凌駕し得る技術に関する他の調査項目（AIによる電話応答システム、コンピュータがチェスのゲームで人間に勝ったこと、大学入試を解くコンピュータ等）でも同様に好感度が低く、ドイツが新しい技術の成果に対して保守的な考えを持っていることが明らかになった。

科学技術がもたらす社会への影響について、消費者がどのように考えているのかを明らかにするため、科学技術に対する考え方をいくつか提示して回答してもらった。その結果を見ると、「科学的な発展や新技術の開発は、社会や人間の生活を豊かにする」については、いずれの国も8割程度が賛同している。

では、技術の進歩によって消費者にはどのような影響があると考えているのだろうか。「技術の進歩によって、我々のライフスタイルは急激に変化しすぎている」という考え方に対しては、賛同者の割合はドイツが9割、日米は7割とドイツが約20ポイント高く、ドイツにおいては、技術の進歩によるライフスタイルの急速な変化に対してより敏感であることがわかる（図表9−3を参照）。

最後に、科学と宗教の関係性はどうか。「私たちは科学をよりどころにしすぎていて、信仰心をないがしろにしている」という考え方に対しては、日・独は賛同者が4割程度であるのに対し、米国では55％と高く、米国においては、科学偏重の考え方に疑問を持つ層が一定

図表9-3　技術進歩とライフスタイルの変化、信仰心との関係

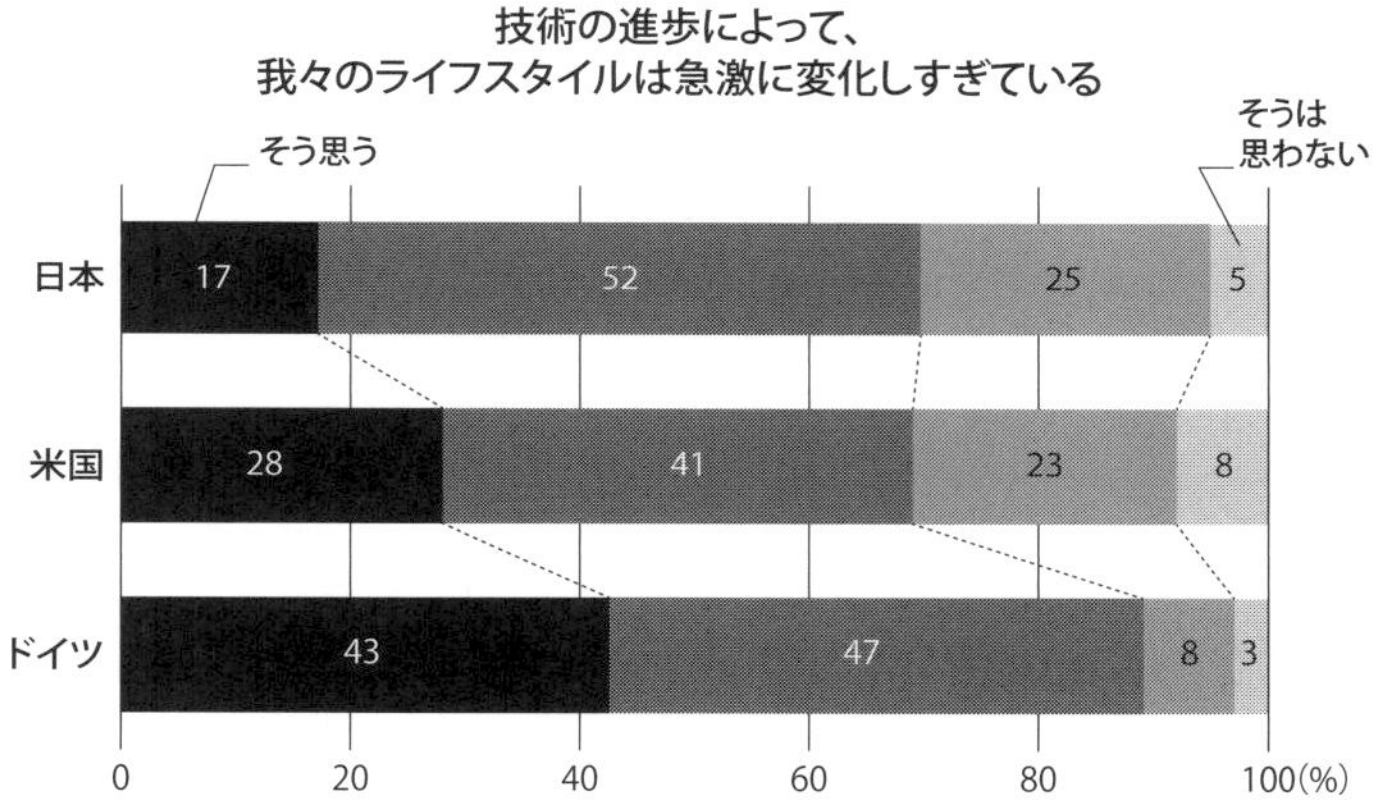

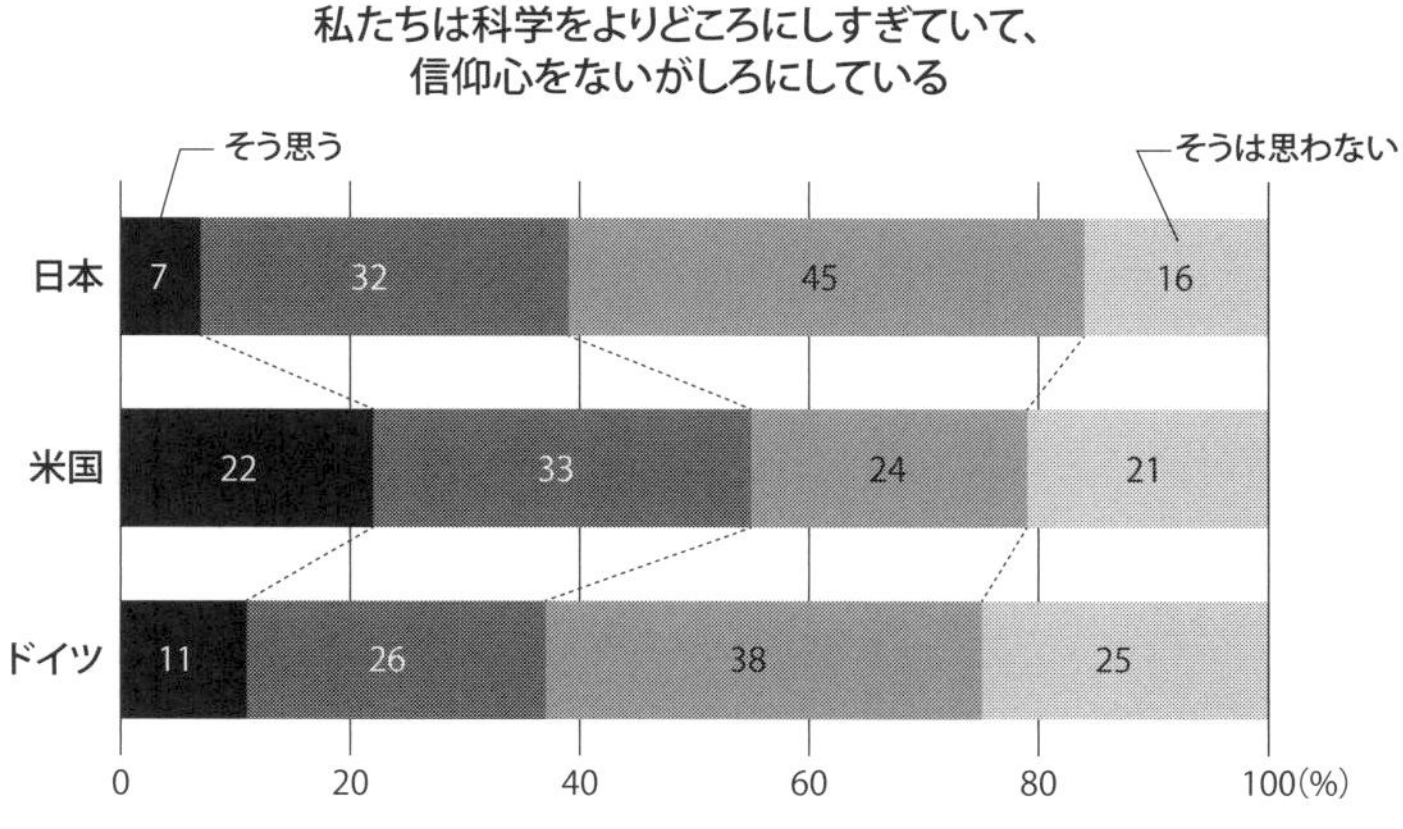

（注）・インターネットを通じて日本（1,390人）、米国（1,369人）、ドイツ（1,382人）の16～69歳の人に調査を実施。
・それぞれ、「そう思う」から「そうは思わない」までの4段階尺度で回答してもらっている。
（出所）NRI「ロボット・AIに関する日・米・独インターネット調査」（2015年）

数存在することがわかる。これについては、「信仰している宗教はない」と回答した人が日本では67％、米国では22％、ドイツでは40％であり、米国が最も信仰心が高く、またキリスト教を信仰するという人の割合も全体の61％と高い。米国で科学技術と信仰心を天秤にかけた議論がたびたび起こるのは、こうした背景によるものと考えられる。

人工知能は人類の脅威となるか

「ＡＩの開発により、我々は悪魔を召喚しようとしている——」。これは、テスラの創業者イーロン・マスクの言葉だ。現在、ディープラーニングの研究が進んだことを手始めに第三次ＡＩブームが到来していると言われるが、２００５年にレイ・カーツワイルが、２０４５年にシンギュラリティ（技術的特異点）に突入すると予測したことに始まり、スティーブン・ホーキング博士やマイクロソフト創業者のビル・ゲイツ、アップル創業者の１人であるスティーブ・ウォズニアックといった多くの研究者や先進企業のリーダーたちが、人工知能が人類の知力を超えることに懸念を表明し、実際に、自律型ロボット・ＡＩ兵器開発の禁止を訴える書簡を国連に提出している。

このシンギュラリティの問題について、「米国の研究者の問題提起をきっかけに、コンピュータ技術が今のスピードで発達し続けると、2045年には地球全人類の知能を超える究極のコンピュータ、人工知能（AI）が誕生するという時点（シンギュラリティと呼ばれる）に到達すると不安視されている」という見方について尋ねたところ、それについて知っているという人は米国、ドイツでそれぞれ56％、55％であったのに対して、日本は45％とやや低かった。次にその評価を尋ねたところ、米国は30％が好ましいと答える一方で、好ましくないという人が40％を占め意見が二極化している。一方、ドイツは52％の人が好ましくないと回答しているのに対して、日本は中間の選択肢を選んだ人が51％と半数を占めており、明確な意見が形成されていない傾向が見られる（図表9－4）。

2015年に、安倍内閣はスマートマシン活用を推進する計画（ロボット新戦略）を打ち出した。ロボット技術は、労働力不足などの社会的課題を解決するとともに、製造、医療、介護から農業、建設、インフラ保守まで多様な部門で生産性を向上させる可能性を秘めている。自動運転車が公道を自由に走るのはまだ先としても、自動運転技術の一部はすでに実用化されており、近い将来、我々は運転という行為から解放される可能性がある。

その一方で、そのテクノロジーは人間の雇用を減らすというようなマイナスの影響を及ぼす側面もある。NRIとマイケル・オズボーン准教授との共同研究の成果によると、近年の機械学習やロボット技術の進歩により、10～20年以内に現在の仕事の約49％が自動化可能と

図表9-4　シンギュラリティに対する見方

～米国の研究者の問題提起をきっかけに、コンピュータ技術が
今のスピードで発達し続けると、2045年には地球全人類の知能を超える
究極のコンピュータ、人工知能（AI）が誕生するという
時点（シンギュラリティと呼ばれる）に到達すると不安視されている～

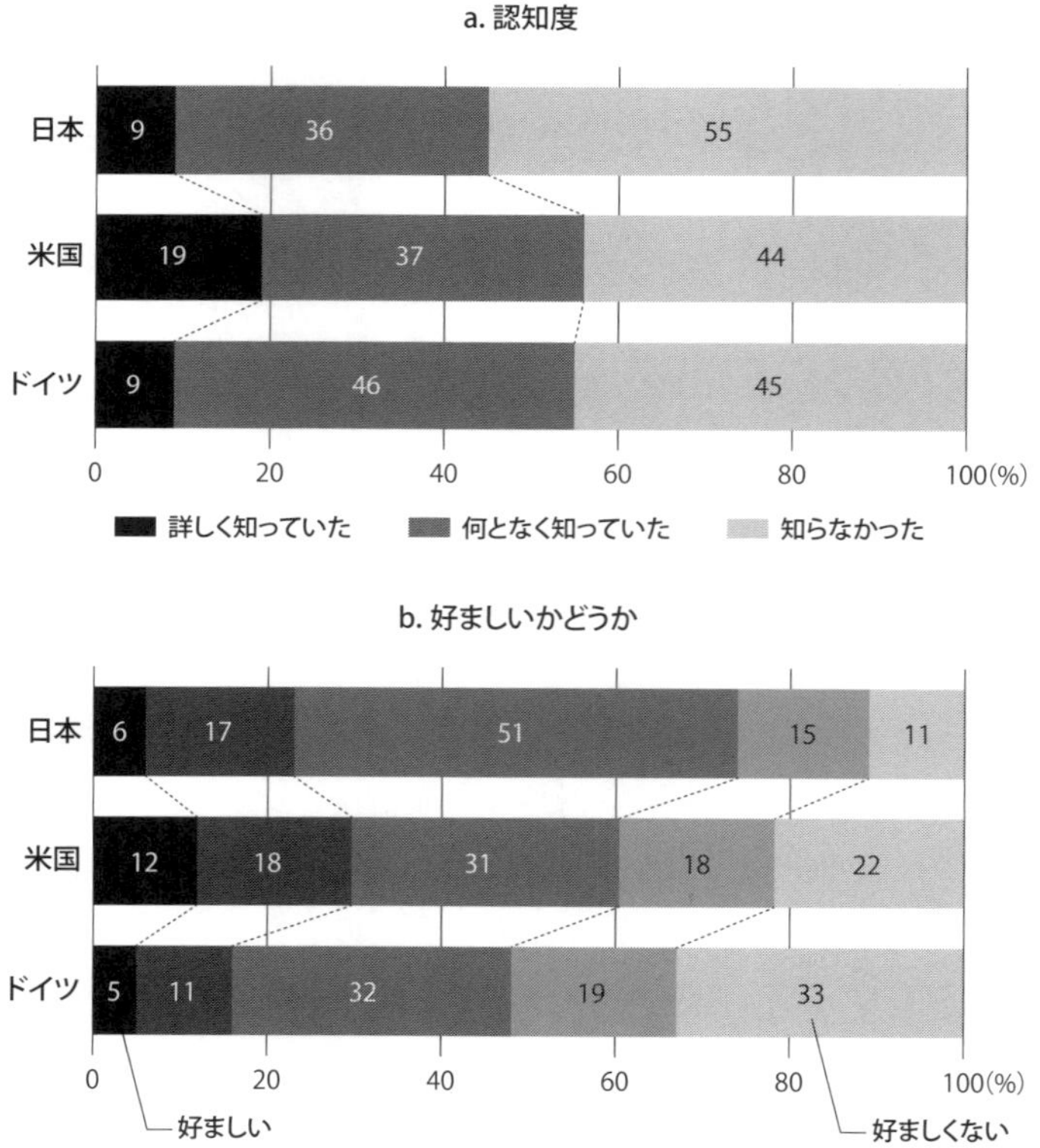

（注）・インターネットを通じて日本（1,390人）、米国（1,369人）、ドイツ（1,382人）の16～69歳の人に調査を実施。
・好ましいかどうかについては、「好ましい」から「好ましくない」までの5段階尺度で回答してもらっている。
（出所）NRI「ロボット・AIに関する日・米・独インターネット調査」（2015年）

いうことである。日本で最も自動化の可能性が高い職業は鉄道の運転士、会計・経理専門職、税理士、郵便窓口、タクシー運転手、受付などとされている(1)。

欧米では1980年代のコンピュータ革命以降、賃金格差が拡大した。今後、ロボットやAI技術の導入に伴い、労働者が持つ技能の一部は自動化されて廃れ、その結果、中間所得層の労働者の減少、特に未熟練労働者の就労率低下が懸念されている。日本でも欧米ほどではないが賃金格差の拡大という課題がある。今後、労働者が自動化される可能性の低い職業に転換できるように、創造性やコミュニケーション能力といった社会的スキルを高める教育に力を入れていく必要がある。そういったスキルが必要な職業としては、ソフトウェア開発者、判事、看護師、高校教師、歯科医、大学講師などが該当する。

またロボット、AI技術の導入に伴い、それらの技術を使いこなす技術的な能力の習熟も重視すべきである。調査結果でも、日本はロボット、AI技術などの新しいテクノロジーに関する知識、情報はまだ十分でない傾向が見られていた。適切な知識、情報を提供し、何が必要で何がそうでないかを見極めることが重要となる。もはやロボットやそれを支えるAI技術は、夢物語ではなく、我々の生活や社会全体を変える可能性を現実的に持つテクノロジーである。

3つの技術文化

ここまではアンケート調査結果を紹介してきたが、次に技術文化という概念に注目してみよう。文化人類学者の川田順造は、フランスの大学に学び、西アフリカをフィールドサーベイした経験から、「文化の三角測量」という呼び名のもと欧米、アフリカ、日本で3つの異なる技術文化が存在することを示した（図表9−5）。

モデルA（欧米）は「道具の脱人間化」と呼ばれる。スプーン、フォーク、ナイフに示されているように、機能が分化し特段の訓練なしで使いこなすことができる。赤ん坊はスプーン、フォークであればすぐ使いこなすことができるように、個人的な巧みさに依存せず、誰がやっても常にある一定の結果が得られるよう、道具や装置を工夫する文化である。さらにできるだけ人間以外のエネルギーを使って大きな結果を得ようとする特徴がある。たとえばフランスでは、（蒸気機関が普及する前に）運河を通る船は両岸から馬がロープで牽引することで動くスタイルだったことを紹介している。つまり各人の差異（身体的特徴など）に依存せず、動力もなるべく人間に依存しないという二重の意味で「人間非依存的」である。

モデルB（日本）は「道具の人間化」と呼ばれる。箸に示されているように、単純だが、

図表9–5　川田順造による3つの技術文化

	モデルA（欧米）	モデルB（日本）	モデルC（アフリカ）
概要	〈二重の人間非依存性〉 ・個人的な巧みさに依存せずに、誰がやっても常に一定のよい結果が得られるよう道具や装置を工夫する。 ・できるだけ人間以外のエネルギーを使ってより大きな結果を得ようとする。	〈二重の人間依存性〉 ・機能が未分化の単純な道具を、人間の巧みさで多様に、そして有効に使いこなそうとする。 ・よりよい結果を生み出すために人間の労力を惜しみなく注ぎ込む。	〈依存のなかの働きかけ〉 ・あり合わせのもので器用にやりくりする。 ・身体を道具の一部として活用する。
道具	道具の脱人間化  機能のそれぞれは箸より優れており、特段の訓練を要しない。	道具の人間化 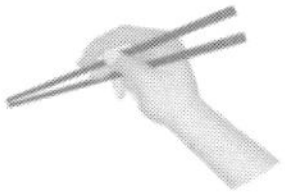 単純だが複数の用途（切る、つかむ、刺す）が可能で、訓練を必要とする。	人間の道具化 

（出所）川田順造『人類の地平から』ウェッジ、2004年、pp.146–148をもとにNRI作成。モデルCの写真は八重洲地下街・エリックサウス

それひとつで複数の用途（切る、つかむ、刺す）が可能である。ただしモデルAとは異なり習熟のための訓練時間が必要となる。そして使えば使うほどその道具が自分の手足の延長のような存在になる文化である。日本での伝統的な河川運航は、船頭が竿を巧みに操り船を動かす。熟練した船頭は荷を満載した大きな船でも1人で運航できるようになるが、そこまでの域に達するためには長年の修練が必要となる。またこの文化では、

よりよい結果を生み出すために人間の労力を惜しみなく注ぎ込む傾向があるという。つまり各人によって結果にバラツキが出るのと、人間の労力を注ぎ込むという二重の意味で「人間依存的」である。

モデルC（アフリカ）は「人間の道具化」と呼ばれる。手を使って食事をするように、あり合わせのもので器用にやりくりする、あるいは人間の身体を道具の一部として活用する文化である。たとえばカゴを自分の頭の上に載せて運ぶ、あるいは地面を掘る際に、短い柄の鍬を持ち、あたかも長い前腕を鍬の長い柄であるかのようにして種をまいたり除草を行う仕草が指摘されている。[2]

産業資本主義の時代に最も適したスタイルはモデルAである。というよりモデルAの技術文化が産業革命を可能にしたと言う方が正確かもしれない。産業資本主義においては、訓練時間をなるべくかけずに、農村地から流入してきた大量の労働者の生産性をある一定のレベルにまで引き上げ、同一品質の製品を大量に生産する必要があった。その意味でモデルAの技術文化は訓練時間が短くて済むこと、またその道具を使うことで、アウトプット水準が必ずしも高くなかったとしても、品質のバラツキが小さくなったのである。それに対してモデルBのアプローチでは訓練に時間がかかる。しかも使う人によって結果のバラツキが大きい。裏返せばその道具に熟練した人のスキルは神業的な領域にまで達することもあるが、大量の労働者が、ある一定水準の製品を大量に作る産業資本主義の生産システムには全くの不向きだったことは容易に想像できる。

人間の代替、補完あるいは強化

川田の技術文化モデルはデジタル時代にも大きな示唆を与えてくれる。具体的には、デジタル時代の文脈で解釈すると、図表9―6のように表現できるのではないかと我々は考えている。

モデルAを「デジタルによる脱人間化」と呼ぼう。個人的な能力差にかかわらず、もしくは人間なしで均質な成果を得られるように機械を活用する。時間をかけずにある一定の均質な成果を短期間で達成するスタイルである。スプーン、フォークに見られた人間非依存性がさらに進んで人間代替型に到達したとも言える。重い物を運ぶ場合を考えると、アマゾンの自動倉庫のようなところにこの技術文化が現れている。またホワイトカラーの事務現場などに導入が進み始めているRPA（ロボティック・プロセス・オートメーション）も人間代替型である。RPAは人間がデスクトップ上で行う操作を、ルールに則って自動で再現する技術であり、交通費精算などの定型業務やデータ収集業務、メンテナンス業務などに向いていると言

図表9-6　デジタル時代の3つの技術文化のイメージ

	モデルA 人間代替型	モデルB 人間補完型	モデルC 人間強化型
概要	例：アマゾン自動倉庫 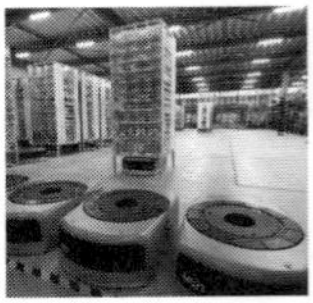 デジタルによる脱人間化	例：ロボットスーツHAL®  デジタル技術の人間化	例：サイボーグ  人間のデジタル化

撮影（モデルA）：尾形文繁
（出所）NRI

われている。さらにRPAはコスト削減だけでなく生産性向上への期待もかけられている。

次にモデルBを「デジタル技術の人間化」と呼ぼう。箸と同じく、訓練次第で各人の成果が大きく向上するようなデジタル技術の活用である。成果は均質ではなく、時間をかければかけるほどパフォーマンスが向上し、自分の肉体の延長のような存在になる。人間補完型とも言える。重い物を運ぶ場合を考えると、サイバーダインのロボットスーツ「HAL®」のようなところにこの技術文化が現れている。スマートフォンもモデルBの特徴を備えている。確かにスマホは箸のように単純な道具ではないが、人間の活動をさまざまな領域で支援してくれる。アプリのインストール次第で箸と同じく複数の用途をひとつでこなすことができるし、使いこなせる人とそうでない人の間でかなりのバラツキが生まれるというのもモデルB的だと言える。

最後にモデルCを「人間のデジタル化」と呼ぼう。前述した、アフリカの技術文化である「あり合わせのもので器用にやりくりする」とはニュアンスが異なるが、自分の身体を道具の一部にしてしまう、という意味が含まれているとお考えいただきたい。具体的には人間の身体にデジタル機器を接続して道具の一部としてしまうスタイルである。人間強化型とも言える。これは人工内耳や義肢などですでに実現されている。重い物を運ぶ場合を考えると、サイボーグ化した人間が物を運ぶイメージである。実際、2016年10月には、スイスのチューリッヒにて、「パワード義手」「パワード義足」などの医療・アシスト機器を装着した人々によるスポーツ大会「サイバスロン」が開催され大きな話題となった。モデルBとCを合わせて人間拡張型と呼んでもよいかもしれない。

ここではモデル別のイメージを示したが、AI（人工知能）はどこに該当するのだろうか。実はこの問いかけ自体が非常に重要で、その答えは「人間がそれをどう使いたいか」に依存する。労働力を置き換えるためのAI（人間代替型）もあれば、逆に人間の活動を支援するためのAI（人間補完型）も存在するのである。

各モデルに対してどのような印象を持つかは、各人の価値観やその社会に根づいている文化に強く依存する。特定のモデルを気に入る人もいるだろうし、逆にすべて受け入れがたいという人もいるに違いない。人によって、あるいは文化の違いによってモデルごとの受容性が違うのである。つまり3つのなかで絶対的に正しいモデルというものはないのだが、これからの社会との向き／不向きという視点は検討する価値がある。

デジタル時代にはどの技術文化が向いているのか

先に述べたように、産業資本主義時代に最も適していたのは、フォーク、スプーンに象徴されるモデルAであった。ではデジタル資本主義時代に最も適したモデルというものがあるのだろうか。デジタル資本主義時代においても、コスト面での優位性や効率性を高めることは同じく重要である。その意味ではモデルAのような技術は引き続き重要な位置を占める。しかし世界全体でモデルAだけが進めば社会は大混乱に陥る。ブリニョルフソン、マカフィーの「雇用喪失説」、あるいはリフキンが呼ぶ「大失業時代[3]」の世界である。かつてシュンペーターは、「資本主義の企業はその功績によって進歩を自動化する傾向があり、結果的に自らの存在を不要にする傾向がある。成功があだになって自滅する傾向がある[4]」と述べているが、モデルAの技術文化だけが広まると最終的にはシュンペーターが想像したような世界が到来するのかもしれない。

しかしモデルAがそれほど支配的な位置づけになるとは考えていない。産業資本主義時代と異なり、デジタル資本主義のもとでは画一的な製品の大量生産ではなく、顧客ごとのパーソナライズが利潤獲得のカギとなる。つまりいかにして消費者から明示的・暗示的に「主観的な」情報をインプットしてもらうかが重要になる。またシェアリング・エコノミーがさらに浸透していけば、オンデマンド性やマッチング力を高めるためにも、やはりユーザーから明示的・暗示的に情報をインプットしてもらうことが重要になるため、消費者側に人間拡張型のデジタル技術を持ってもらうことがより重要になるだろう。スマホはすでにこのような役割を果たしていると言えるが、今後は自分自身もあまり意識していないような暗黙的なこだわりについて表出化してくれるような機能がより重要になってくるのではないだろうか。別の言葉で言えば、個人の主観もしくは暗黙知を形式知化する用途にデジタル技術が活用されるイメージである。客観世界の住民であるロボット、ＡＩによって、むしろ主観的な人間世界、消費者余剰の世界が脚光を浴びるという、ある意味逆説的なことが進むのである。

第10章

資本主義のゆくえ

交換様式・技術文化によって変わる将来像

デジタル技術は資本主義のなかで生み出され、資本主義を第2段階の産業資本主義から第3段階のデジタル資本主義とでも呼べるステージに進化させた。デジタル資本主義では、デジタル空間上での価格の差異の発見、さまざまなデジタル技術を駆使したコスト面での優位性の構築、さらには商品・サービスをパーソナライズすることで支払意思額の面での差異の創出が行われる。つまりデジタル資本主義とは、これまでの商業資本主義、産業資本主義的な要素をすべて併せ持ちながらも、それを高次の次元で実現しようとするシステムだと言え

図表10−1　経済社会の3つのシナリオ

シナリオ1	デジタルがCを強化する「純粋デジタル資本主義」
シナリオ2	デジタルがCとDの両方を強化する「市民資本主義」
シナリオ3	デジタルがDを強化する「ポスト資本主義（潤沢さの経済）」

（出所）NRI

る。

しかし話はそこで終わらない。第8章ではデジタル技術が資本主義のその先の領域、本書では「D」の領域と呼ばれるものを生み出そうとしていることを示し、第9章ではデジタルに対する異なる技術文化が存在していることを示した。つまりデジタルが生み出す経済社会の姿は、デジタルがどの領域（社会構成体・交換様式）でどんな価値観のもとで使われるかによって多様な姿が描けるのである。そこで本章では、柄谷モデル（4つの交換様式）と川田モデル（3つの技術文化）をかけあわせることで、資本主義のいくつかのシナリオを描いてみたいと思う。

具体的には、人間代替的な技術文化のもとでデジタルがC：資本の領域を100％強化するシナリオ1、人間補完的な技術文化のもとでCとDのハイブリッド型社会を構築するシナリオ2、そしてすべての技術文化が融合したうえでD：デジタル・コモンズが主要な社会構成体になるシナリオ3である（図表10−1）。シナリオ1と3は両極端のシナリオで、特にシナリオ3はSF的な要素が強いので、あくまで思考実験と考えていただきたい。

シナリオ1：デジタルがCを強化する「純粋デジタル資本主義」

シナリオ1は、C：資本主義の領域だけでデジタルが活用されるという極端なシナリオである。このシナリオは効率至上主義で、人間代替型のデジタル活用が特に進む。そしてマーティン・フォードの『ロボットの脅威』[1]や、ジェレミー・リフキンの『大失業時代』が描くような、多くの労働力がロボットやＡＩに置き換えられる世界が生まれる。このシナリオ下ではＤの領域を生み出そうというデジタルの試みは失敗に終わる。

Ｄの領域を生み出すのに失敗してＣに取り込まれる例としては、インターネットの黎明期を思い浮かべたらよいだろう。インターネットはその黎明期に、世界の民主主義を強化するツールになるといった期待や、水平分散型で個人が自由と平等を謳歌できる社会が構築されるというような理想像が一部の有識者によって描かれていたが、現実にはそれらの有識者が期待したような世界ではなく、巨大プラットフォーマー企業が誕生した。

また第2章で紹介したように、民主主義はどちらかといえば資本主義に押し潰されそうになっていて、このシナリオ下ではデジタルはその救世主になるどころか抑圧を助長する存在になる。２０１７年11月、『エコノミスト』誌は、民主主義を促進すると考えられていたソーシャルメディアが、民主主義を破滅に向かわせているように見える、という記事を掲載した。[2] フェイスブック上に拡散するフェイク・ニュースが、民主主義ではなく「暴徒主義（mobocracy）」を生み出していることや、移民に関する嘘の情報をソーシャルメディア上で拡散させることで、極右政党が選挙で躍進してしまった例などが挙げられている。

CとDのハイブリッド的な仕組みと言えるシェアリング・エコノミーについても、このシナリオ下では徐々にCの方にウェイトが傾いていく。資本蓄積の効率化のために、各種データはプラットフォーマー側だけに蓄積され、プラットフォーマー主導で意思決定が行われるのである。すなわちユーザーは価格設定権やマーケティング、ブランディングなどの主導権を徐々に失い、資本の蓄積を最大化することを目的としたマシーンが、最も合理的な方法でオペレーションを進めていく。

このシナリオでは人々の経済格差はさらに拡大していくだろう。その対策として近年注目を浴びているのがベーシックインカム（最低限所得保障制度）である。ベーシックインカムとは、生活ができる最低限のお金を国民全員に特別な審査なしに均一に配布しようという案であり、フィンランドでは社会実験として国民の一部に対して導入されている。[3]

柄谷モデルのフレームで説明するならば、C：資本主義の領域でデジタル技術が猛威をふるうと、大量の失業者が生まれるなど社会に壊滅的な影響をもたらすので、それをB：国家が救済すべきということである。言い換えれば、Cの領域の強大化に対して、Dが対抗勢力としては出てこないので、B：国家によって抑制をするしかない、という発想だと言えるだろう。

オランダ人ジャーナリストであるルトガー・ブレグマンは、『隷属なき道』（英語版の原題はUtopia for Realists）のなかで、「AIとの競争に勝つためのベーシックインカム」を提案している。この日本語版の題名は、ハイエクが第二次世界大戦中の1944年に発表した『隷属への道』を意識したものである。[4] 当時、英国LSEで経済学を教えていたハイエクは、ドイツでのファシズムの猛威と英国での国家社会主義への傾斜を見て本書を執筆したのだが、この本では個人の経済的自由を国に委ねて、国家社会主義と呼ばれていた仕組みに移行することは「隷属への道」だと警鐘を鳴らしたのである。

ブレグマンは本書のなかでハイエクに敬意を表しつつ、人間はAIとの競争には勝てないとし、AIに隷属しないためにも時間と富の再配分、つまり労働時間の短縮とベーシックインカムの導入が必要だと主張している。[5] ブレグマンの提言が正しいかどうかを本書で議論するつもりはないのだが、彼の主張を取り上げた理由は、その主張の背後にモデルA、すなわち人間代替型の技術文化が深く根ざしていることが容易に理解できるからである。つまり彼の主張を支える暗黙的な前提（世界観）は、モデルAの人間代替型の技術文化である。

ブレグマンの書籍の英語版には「現実主義者のためのユートピア」という、これも非常に示唆的なタイトルが付けられている。仮にデジタルがDの領域、すなわち人間の自由と平等を高める領域を生み出す可能性があると言われても、ブレグマンからすればそれは単なる理想であって、ベーシックインカムの導入こそが現実主義者のためのユートピアなのである。

まとめると、このシナリオではデジタル技術がC：資本主義の強化だけに活用される。ソーシャルメディアも民主主義を促進するのではなく、むしろ民主主義を抑圧する方向で活用されてしまう。さらにモデルAの人間代替型の技術文化に基づいてデジタルが活用されてしまうため、そこから大量失業が生み出される。格差のさらなる拡大[6]に対しては、B：国家によってベーシックインカムなどが対応策として採用されるというシナリオである。

シナリオ2：デジタルがCとDの両方を強化する「市民資本主義」

英国の歴史家であるE・H・カーは、理想主義（ユートピアニズム）と現実主義（リアリズム）の関係について、ユートピアニズムが「未成熟で夢のような願望」であるのに対して、リアリズムは「批判的でシニカルな思考」であること[7]、また両者は常に対立をするがどちらかに偏るのではなく、両方を取り込むことで成熟した議論ができると述べている。

先ほどのシナリオ1は、リアリズム、もしくはディストピアイズム（暗黒郷思想）の様相がかなり強いと言えるだろう。そこでシナリオ2としてユートピアニズムの要素を加えてみたいと思う。[8] それはデジタルが資本主義の強化だけでなくデジタル・コモンズを発展させ、CとDの領域がお互い補完することで格差問題を緩和していく。さらに、デジタル技術が人間を代替するというよりは補完・拡張してくれるようなシナリオである。

シェアリング・エコノミーの専門家であるスンドララジャンは、21世紀の経済は「クラウド（民衆）ベース資本主義」になると述べているが、[9] これは我々がシナリオ2で考えている「市民資本主義」の概念に近い。ここで「市民」という言葉を用いているのは、この言葉が主権を持った個人およびその集団の両方を表すため、「民衆」や「個人」よりもDの領域のニュアンスを持っているからである。

このシナリオ下では、お金だけが資本ではなく、各人が持つスキル、未稼働資産（自家用車など）も価値を生み出す資本になる。シェアリング・エコノミーのプラットフォームが多様になり、またスマートフォンなどのデジタル機器が普及するにつれて、各人がマイクロ資本家とでも呼べるようなかたちで自身の資本を活用できるようになる。

金銭や効率性だけが社会の価値観ではない。空き時間に自分のスキルを無償でシェアして、ウィキペディアのようなデジタル・コモンズの質の向上に貢献するといった純粋贈与的な活動も増えていく。

プラットフォーマーはいかにユーザー数を増やすかに苦心するため、個人もしくは中小企業に対して力を与えるツールを提供していく。これはプラットフォーム事業の興味深い点なのだが、プラットフォーム事業では少数の大企業もしくは少数の大富豪がユーザーになってくれるよりも、大勢の多様なユーザーに使ってもらうほどそのプラットフォームの価値が上昇するため、むしろ大勢の個人や中小企業の参加を好むのである。

これまでの産業資本主義では「規模の経済性」が重視された。つまり生産者が同一のモノを大量に作れば作るほど、単位当たりの生産コストが低下するといった効果で、経験曲線や習熟カーブといった言葉で表現されてきた。規模の経済性を出そうとするなら生産者の数は少ない方がよい。なぜなら少数の大企業が大量に生産するほど規模の経済性が発揮されるからである。それに対して、デジタル資本主義のプラットフォーム事業においては、「範囲の経済性」が重視される。これはネットワーク効果とも呼ばれるが、多くの人が使えば使うほど、またユーザーの多様性が増せば増すほどその（プラットフォームの）価値が上がることを意味する。

ＥＣサイトのユーザー（買い手と売り手）を例にとろう。そのＥＣサイトに登録されている売り手が多く、かつ多様性が豊かであるほど買い手にとっては選択肢が多いので魅力的に映る。売り手から見ても、そのＥＣサイトを訪れる買い手が多く、かつその多様性（所得水準や嗜好の違い、支払意思額の違い）が豊かであれば、自分の商品を誰かしらに買ってもらえる可能性が高いので魅力的である。プラットフォーマーにとっては、大勢で多様なユーザーに集まってもらうことが重要で、そのためにも個人や中小企業にとって魅力的なツールを提供することは理にかなっているのである。

ワイガンドは、アマゾンがユーザーに透明性と主体性を提供するプラットフォーマーになりつつあること、そしてこのようなプラットフォーマーがさらに増えていけば、個人が力を持つ社会が必然的に誕生すると考えていて、それを熱力学の「相転移」のたとえで説明している。具体的には、「水が沸点まで加熱されると液体から気体に変化するのが相転移だが、社会においてデータの量が増えていくのは、物理システムにおいて熱量が増えていくようなものだ。データ企業が透明性と主体性をユーザーに提供した結果、ある段階で逆転が起こり、個人が企業に対して優位に立つようになる。データ量の増加が個人の利益につながるようになる[10]」と述べている。

つまり仮にシナリオ1のようなディストピア的な資本主義が一時的に生まれたとしても、プラットフォーマーは合理的な理由から個人に透明性と主体性を提供していく。なぜならそうしないプラットフォームはユーザーが集まらずに衰退するからである。その結果、ソーシャルデータの爆発的な増加とあいまって、個人が力を持つシナリオ2のような市民資本主義が必然的に誕生するという考え方である。

なおシナリオ2も、理論的には格差の是正に寄与できる。柄谷は、格差の是正はBの領域だけではなくDの領域でも可能だと述べている。Bの領域では税金やベーシックインカムなどの所得再配分政策を通じて「分配面での正義」が行われるのに対して、Dの領域では「交換面での正義」が行われる。分配面での正義が格差の結果を是正する対症療法であるのに対して、交換面での正義は格差の原因を是正する原因療法である。交換面での正義が本当に現実的かどうかという議論はあるにしても、格差の是正方法はひとつだけではない、ということは念頭に置いておくべきであろう。

シナリオ3：デジタルがDを強化する「ポスト資本主義（潤沢さの経済）」

シナリオ2がリアリズムとユートピアニズムを混ぜ合わせたものだとすれば、シナリオ3はユートピアニズムが非常に強いシナリオである。よって本シナリオは思考実験として捉えていただきたい。まずその端緒はジェレミー・リフキンの描く「限界費用ゼロ社会」である。リフキンが描く未来社会では、通信、輸送、エネルギーが「限界費用ゼロ」で提供される。

つまり、インフラ整備のための初期投資にはコストがかかるものの、整備が終わってしまえば、その後の利用にかかる追加的な費用は（ほぼ）ゼロになる世界である。通信に関してはすでにそのような世界が生み出されているが、これが輸送、エネルギー分野でも実現する。すべての建物には太陽光パネルなどの再生可能エネルギー源が設置されて、エネルギー・インターネットを通じて互いに融通し合う。自動運転で動いている自動車も再生可能エネルギーを使う。インターネットが単なる通信手段ではなく、分散型の再生可能エネルギーと、自動化されたロジスティクスをも管理するコミュニケーション媒体になる世界である。[11]

これはリフキンが言うところの「潤沢さの経済[12]」への入り口となるだろう。PARTⅡで議論したように、デジタル時代においても時間や信頼、こだわりなど希少性が残るものは存在しているものの、「限界費用ゼロ社会」では多くの分野で希少性がなくなり価格もほぼ無料になる。そこでは利潤の獲得や資本の蓄積といった資本主義体制の存在感が薄れていく。

IoTインフラによって、リフキンが描く水平展開型の通信／エネルギー／輸送プラットフォームが構築される。そこでは自由で平等なシェアリングが多対多のネットワーク上で行われる。リフキンが述べているように、価格が無料（フリー）になるということは、希少性という束縛からもフリー（自由）になることを意味する。そして（A、B、Cという社会構成体は残りながらも）主要な社会構成体がCからDのデジタル・コモンズへと移行する。

リフキンはこの世界を、「誰もが必要なものの大半を無料で確保できるので、交換価値は無用になる。……（中略）……希少性や交換価値ではなく、潤沢さや使用価値・シェア価値を中心に経済生活が構成される」[13]と述べていて、現在の経済理論や経済活動に対する従来の認識とあまりにもかけ離れているため想像することが難しいとしている。

そこでその新世界を想像するためにＳＦの力を少し借りたいと思う。著述家のマヌ・サーディアは、米国のＳＦテレビドラマ・映画シリーズであるスタートレックの世界の経済がどうなっているかについて『トレコノミクス（Trekonomics）』という興味深い本を執筆している。[14]サーディアはスタートレックの世界を「経済のユートピア」と呼んでいる。同書によれば、スタートレックの世界では通貨は過去の遺物になり、労働と余暇は区別がつかなくなっている。ほぼすべての物が潤沢に存在しているので富の蓄積が意味をなさなくなっていて、迷信、犯罪、貧困、病気は駆逐されている。[15]

そこでは３Ｄプリンターの超未来版とでも言える「レプリケーター」が指示ひとつで何でも作り出す。レプリケーターは公共財で全員が無料で利用できる。また「ホログラフィック・プロジェクション」と呼ばれる技術がある。一言で言えば、あらゆる体験をデジタル技術で再現してしまうもので、余暇や息抜き、あるいはトレーニングなどに使われることが多いのだが、これによって体験も限界費用ゼロで提供されている。リフキンの言う「潤沢さの経済」の究極像と言えるだろう。同書では技術だけでなく人間像も描かれているのだが、24世紀の人間は「完璧すぎて我々に近しい存在というより異星人のように見える」こと、また新スタートレックに登場するデータというアンドロイドが、「その不完全さと、同僚の人間のようになりたいという欲求から人間を真似する様がむしろ最も人間的である」[16]と指摘している。この世界観は、シナリオ1で示した人間とロボットの関係性とは全く異なることがわかるだろう。

日本のデジタル化のゆくえ

これまで見てきたように、デジタルは技術であるだけでなく、我々の社会や経済システム、さらには価値観に対しても変革を促す存在である。しかしその未来像は一本道ではなく、我々人間がデジタルとどう付き合っていくか、どう活用するかによってさまざまな道筋が決まってくる。そこで日本にとってデジタルがどういう意味を持つのか、あるいはデジタルでどういう未来を作っていくべきかについても考えてみたいと思う。

まず現状認識であるが、残念ながら日本は世界のなかでデジタル化が遅れているというのがおおむね共通の認識ではないだろうか。スイスのビジネススクールIMDが発表している

図表10−2　IMDによる日本のデジタル競争力ランキングとその内訳（63カ国中）

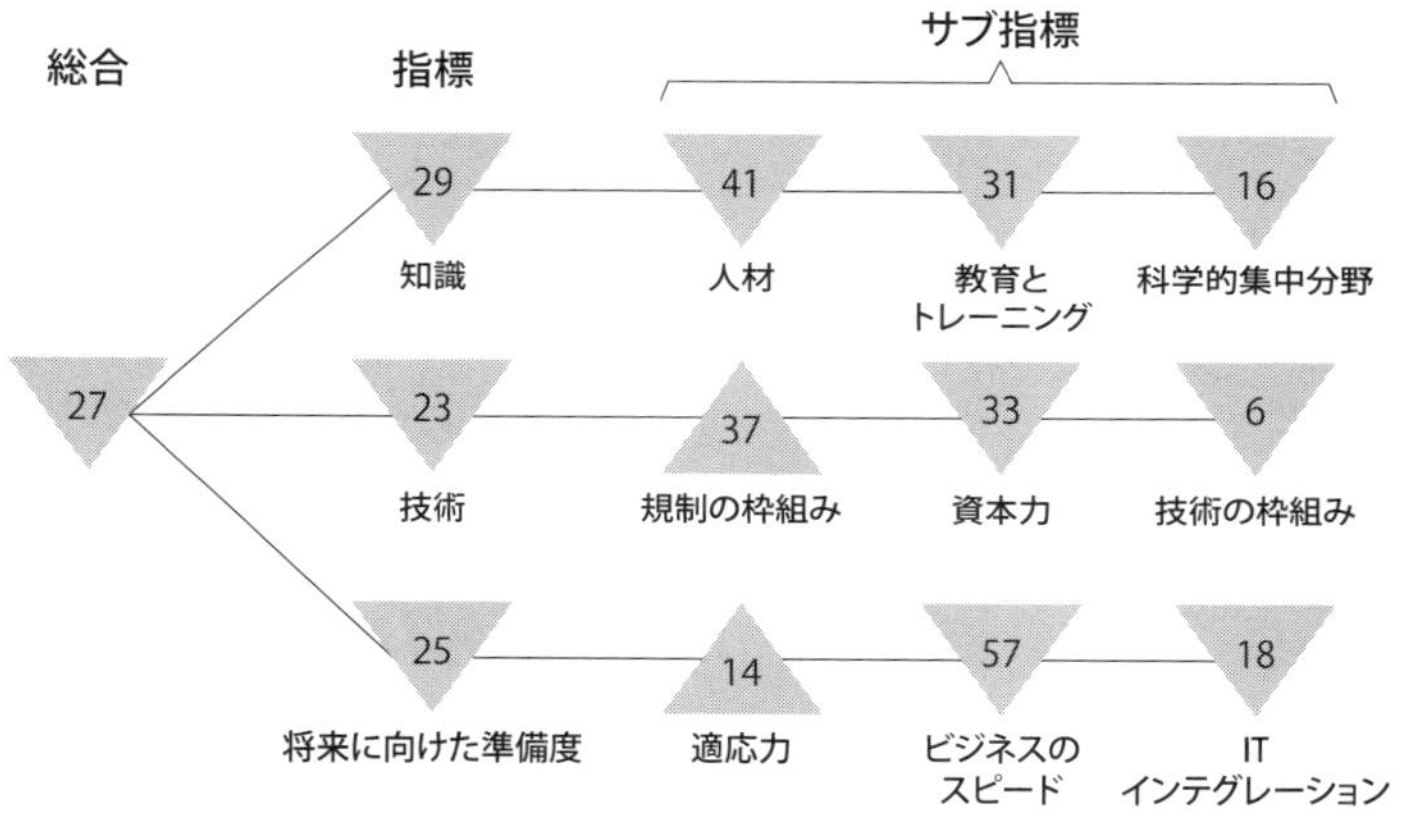

（注）下向きの三角形は前年からランクを下げていることを意味し、上向きの三角形は前年からランクを上げたか維持したことを意味している。
（出所）IMD, "IMD World Digital Competitiveness Ranking 2017" よりNRI作成

デジタル競争力ランキング（２０１７年）[17]では、日本は63カ国中27位となっていて、２０１３年の20位からも徐々にランクを下げている。日本はデジタルの何が特に低く評価されているかといえば、ビジネスのスピード（57位）、人材（41位）である（図表10−2）。

ビジネスのスピードが遅い原因として、ビジネスカルチャーがその一因になっていることは間違いないだろう。日本企業はやることがはっきりすればその時の行動力は高いが、不明瞭な状態のなかで、とにかくやってから考えよう、というメンタリティには欠けている。ショットガン型（狙いをあまり定めずとにかく数を撃つ）ではなく、ライフル型（慎重に狙いを定め

て一発で成功させる）なのである。それに加えて、デジタル・トランスフォーメーションの方向性が明瞭になってきたとしても、成功している既存事業が足かせになってなかなか動けない、ということも大いにあり得るだろう。

ちなみに2017年の上位5カ国は、1位シンガポール、2位スウェーデン、3位米国、4位フィンランド、5位デンマークである。米国を除けば、上位を占める国は人口規模が小さい先進国で、コンパクトさ（機動力）と高い経済力がアドバンテージになっている。また北欧の国々が上位にランクインしているが、福祉制度が充実していることで、政府や企業が仕組みをデジタルに大きく変えようとしても、そこまで大きな社会不安が巻き起こらないのかもしれない。

デジタルを経済社会の問題解決に生かす

日本では地方創生が大きな課題となっているなかで、NRIが提言しているように、[18] ローカルハブとなる地方都市が自立した地方経済圏を牽引していくような姿になっていけば、そのコンパクトさを武器に、デジタル化が急速に進む地方が出てくるというシナリオが描けるかもしれない。ただし現状では、地方で産業を担っているのが東京、愛知、大阪などの大都市圏を本社とする企業の工場・研究所というケースも多く、そういった「出先の」事業所同士が横で連携することは非現実的である。その意味では、企業の本社等の地方移転を促進する目的で導入された「地方拠点強化税制」はその効果に期待したい。

次に人材であるが、そもそも日本は人口減少が始まっていること、また2018年問題と呼ばれているように、18歳以下の人口が2018年から減少期に入ることで、定員割れする大学が増えていくなど環境的には厳しさを増していくだろう。人口減少自体は悪いことだけでもない。人口が増加している国の国民ほど、ロボットやAIに職を奪われるといった、いわゆる「技術失業」の懸念が強く、社会不安にもつながりかねないが、人口減少で労働市場も逼迫している日本においては、そのような懸念は弱く抵抗感も小さい。

しかしせっかく抵抗感が小さいのに、デジタル活用のアイデアを出す人材が少ないことは致命的であろう。月並みな提言ではあるが、海外からいかに人材を引きつけるかが最重要課題である。

18世紀の産業革命がなぜフランスやドイツではなく英国で始まったか、についてはさまざまな研究者によって理由が説明されているが、そのひとつが人材である。それまでは、英国よりもフランスの方が科学大国と呼べるような人材を多く抱えていたのだが、ルイ14世による新教徒（ユグノー）迫害によって、多くの新教徒が英国に亡命した。これらの人々が科学に関する多くの知識と技術を英国にもたらし、産業革命の重要な役割を担ったのである。[19]

ひるがえって現代を見ると、トランプ政権下の米国が移民に対して厳しい姿勢をとるようになったことで、シリコンバレーで働く移民労働者がカナダなど海外に移住する動きが見られるという。[20] 日本は言葉の問題があるし、米国からは距離的に遠く離れているので、それほど簡単に人材を引きつけられないかもしれないが、たとえばアジアの優秀なデジタル人材を引きつける好機と見ることもできるのではないだろうか。

日本は先進国のなかでも、デジタルが社会経済に及ぼしている影響度が実はかなり大きいのではないかと我々は見ている。第3章でも見たように、無料のデジタルサービスが生み出している消費者余剰の大きさが、対GDP比で米国よりも大きかったこと、さらに日本は欧米先進国以上にインターネットの普及率が高く、デジタルデバイドが小さいことや、第8章でも見たように日本は欧米と比較すると文化や宗教的な背景もあって、ロボットやAIに対する受容度が高いことがその理由である。つまりIMDのデジタル競争力ランキングでは捉えきれていない、土壌としての「デジタル受容度」のようなものが世界的に見てもかなり高いのではないかと考えている。

これを企業の視点から見れば、規制の問題はあるものの、新たなデジタルサービスの実験場であったり、プロトタイプを開発する場として日本は非常に魅力があるということになる。

そして日本をホームグラウンドにしている日本企業は、相応のアドバンテージを持っていると言えるのではないか。

欧米のシェアリング・エコノミー企業は日本に大きな関心を示している。市場への関心だけでなく、何か日本で新しいサービスを生み出せるのではないかという期待感もあるだろう。そうだとすれば、日本のインバウンド強化戦略の一環として外資の誘致や合弁企業等の設立、また外国人人材を日本に引きつけるといった動きも活発化させることで、国としての日本のデジタル・トランスフォーメーションが加速化され、世界を牽引する役割を果たしていけるのではないだろうか。

人間の主観世界の重要さ

デジタルによって経済社会はどう変わるのか、それが本書の中心テーマである。そしてこの変化を最も象徴しているのが、第3章で紹介した消費者余剰の存在感の高まりではないかと考えている。消費者余剰、つまり人間の主観の領域にデジタルがスポットライトをあててきているのである。ドラッカーが指摘しているように、産業革命はそれまで暗黙知とされてきた職人技（テクネー）を体系化（形式知化）した。[21] それに対してデジタル革命は、センサー技術やネットワークを駆使して、さらに奥深いところに存在する人間の感情や意志のようなものまでを、何とか表出化させようとしているかのように見える。

それに伴い、ハンナ・アレントが『人間の条件』で論じた「労働」「仕事」「活動」も序列が大きく変わっていく。自分が何者かをさらしていく「活動」の序列が最も高まり、次に人間の想像力をベースに世界を作り出す「仕事」が続く。そして「労働」はロボットやAIに代替されるにつれて序列が下がっていくだろう。序列の完全な転倒が起こるのである。

デジタル革命というと、ロボットやAIのような客観的存在に注意が行きがちであるが、デジタル化の進展によってむしろ人間の主観領域がより脚光を浴びると考えている。デジタル資本主義では、主観知、実践知、あるいは集合知(22)と呼ばれる知が重要性を増してくるのだ。第7章でも示したように、資本主義システムは、利潤獲得のために顧客のこだわりをこれまで以上に引き出して支払意思額を高めようとするはずである。そこにアナリティクスやAIなどの技術が活用される。

デジタルによって人間の主観世界がより掘り出されるということは、それによって実現される我々の社会像も、これまで以上に人間の主観に依存するということを意味する。我々人間がどういうデジタル社会を作りたいか、あるいはどういう社会になると考えているか、によって実現する社会像も変わってくるのである。PARTⅢでは2つのフレームワークを紹介したが、デジタルによって、柄谷モデルで言うところのどの領域を強めたいと我々は考えているのか、あるいは川田モデルで言うところの、どの技術文化のもとでデジタルを活用していこうとしているかがカギとなるだろう。その意味で、本書はデジタル社会の未来像について唯一の解を提示しているわけではないが、どのような未来を作り出すかは人間次第、しかもそれはデジタル化の進展でより顕著になると考えている。

[注]

イントロダクション

(1)参加者が増えるほど、ネットワークの価値が高まり、参加者の便益も増えること。

(2)通信ネットワークの価値は接続されているユーザー数の2乗に比例するというもの。

第1章

(1)一般的にはこのような数式展開ではなく、ソロー、ローマー、ルーカスに代表されるような成長会計式を用いて、労働力、資本、全要素生産性（残差）がGDPに及ぼす影響を検討することが多いのだが、(3)式は数学的に絶対に成立することや就業時間の変化も考慮できることからこちらで説明している。

(2)「長期停滞（secular stagnation）」という言葉が最初に使われたのは、米国の経済学者アルヴィン・ハンセンが1938年12月に行った「経済の進歩と人口成長率の減少（Economic Progress and Declining Population Growth)」という講演だと言われている。ハンセンは当時の米国経済を視野にいれ、十分な資本投資がなければ完全雇用は達成できないこと、そのなかで米国の人口増加率が低下している点と、資本抑制的な発明が投資を減らしてしまう可能性があるとして、長期停滞という言葉を用いている。

(3)Lawrence Summers, "The Age of Secular Stagnation," *Foreign Affairs*, March/April 2016, p.2

(4)第1章注（3）の論文にはイングランド銀行のLukasz RachelとThomas Smithによる推計結果として、先進国では過去30年間で自然利子率が4・5%低下したという研究が紹介されている。

(5)TEDはTechnology Entertainment Designの略で、米国の建築家でグラフィック・デザイナーでもあるリチャード・ソール・ワーマンがハリー・マーカスとともに1984年に設立した非営利団体である。

1990年にはTEDカンファレンスが開催され、2006年にはTEDトークがオーディオおよびビデオクリップで配信されるようになる。「広がる価値のあるアイデア（Ideas worth spreading）」を世界中に伝えることを目的としている。

(6)タイラー・コーエン『大停滞』池村千秋訳、NTT出版、2011年、27ページ

(7)エリック・ブリニョルフソン、アンドリュー・マカフィー『機械との競争』村井章子訳、日経BP社、2013年、21ページ。同書によれば、雇用喪失説という名前は、ジェレミー・リフキン著の『大失業時代』松浦雅之訳、TBSブリタニカ、1996年、から着想を得たとのこと。

(8)以前はGDP（国内総生産）ではなくGNP（国民総生産）が国の経済力を表す指標として一般的に用いられていた。日本を例にとると、GNPは日本人もしくは日本企業の活動に根ざした経済指標で、日本人や日本企業が海外で生み出した付加価値が含まれる反面、日本国内で外国人や外国企業が生み出した付加価値は含まれない。他方、GDPは領土に根ざした経済指標で、海外で日本人が生み出した付加価値は日本のGDPには含まれないが、日本国内で外国人が生み出した付加価値は日本のGDPに含まれる。1993年のSNA（国民経済計算）ルールからGNPの概念は正式になくなった。

(9)GDPと当期純利益は定義が異なるため、日本のように企業の当期純利益が右肩上がりにもかかわらずGDPは横ばい、という状況は十分に説明可能である。GDPは産出額から中間投入額を差し引いた付加価値額であり、企業会計で言えば粗利に近い（厳密には粗利とも定義の差異は大きいが、粗利、営業利益、純利益のなかでは粗利に最も近い）。よって企業で考えてもらえばわかるように、粗利が不変でも、販管費や営業外費用（金利支出など）を減らすことで、当期純利益を増やすことは可能である。

(10)必要な機能を必要な分だけサービスとして利用できるようにしたソフトウェア（主にアプリケーションソフトウェア）もしくはその提供形態のこと。

第2章

(1)経済学者の岩井克人による定義を参考にしている。岩井が指摘しているように資本主義を生産面から定義しようとすると、それは産業資本主義に偏った見方になる危険性がある。

(2)岩井克人『二十一世紀の資本主義論』ちくま学芸文庫、２００６年、１３５ページ

(3)ヨーゼフ・シュンペーター『資本主義、社会主義、民主主義Ⅰ』大野一訳、日経ＢＰ社、２０１６年、２１１-２１２ページ

(4)代表的な識者の1人がマックス・プランク社会研究所名誉所長のヴォルフガング・シュトレークである。シュトレークは資本主義が「貨幣の助けを借りた時間稼ぎ」を行っているにすぎず、終焉への道をたどっていると主張している。

(5)Ｐ・Ｆ・ドラッカー『ポスト資本主義社会』上田惇生訳、ダイヤモンド社、１９９３年

(6)第2章注（2）99ページ

(7)柄谷行人『憲法の無意識』岩波新書、２０１６年、１５９ページ

(8)エマニュエル・トッド、佐藤優『トランプは世界をどう変えるか?――「デモクラシー」の逆襲』朝日新書、２０１６年、22ページ

(9)フリードリヒ・ハイエク『隷従への道』村井章子訳、日経ＢＰ社、２０１６年、２４０ページ

(10)市民の資格を持つ人間の全員参加型である直接民主主義は古代ギリシャの都市国家であったアテナイなどで導入されるなど歴史は古い。

(11)Ｒ・Ａ・ダール『デモクラシーとは何か』中村孝文訳、岩波書店、２００１年、10ページ

(12)Daron Acemoglu, Suresh Naidu, Pascual Restrepo, and James A. Robinson, "Democracy Does Cause Growth," *NBER Working Paper*, No. 20004, May 1, 2015

(13)第2章注（11）228ページ
(14)第2章注（9）238ページ
(15)ヴォルフガング・シュトレーク『時間かせぎの資本主義——いつまで危機を先送りできるか』鈴木直訳、みすず書房、2016年、30ページ
(16)ハイエクは自由市場経済の信奉者だが自由放任主義（レッセフェール）ではない。ハイエクは、自由主義体制の特徴は国が「何もしないこと」だというのは誤解であって、どんな国家も行動しなければならないし、重要なのは個人がその国家の行動を予測できるかどうかだと述べている。（第2章注（9）257ページ）
(17)デビッド・モスが2016年7月に野村マネジメント・スクール修了生向けに行った「経営戦略研究会」での講演より。講演録は「NSAM TOP NEWS Vol.3」野村マネジメント・スクールに収録。
(18)アンドレアス・ワイガンド『アマゾノミクス——データ・サイエンティストはこう考える』土方奈美訳、文藝春秋、2017年、148ページ

第3章
(1)図中における検索サービスと検索ワード販売サービスの支払意思額、およびコストの大小関係はイメージであって、実際の大小関係は不明。また実際は検索ワード販売サービスからも消費者余剰が生み出されているはずであるが、その比率は小さいと考えられるため、議論の単純化のため生産者余剰だけが生み出されるという表記にしている。またこの図では消費者余剰よりも生産者余剰の方が大きいように見えているが、これは1人当たりの余剰であり、検索サービスを利用する消費者の数は広告主の数よりも圧倒的に大きいので、消費者余剰の総和は生産者余剰の総和よりも大きくなる可能性が高い。実際、グーグルのエコノミストであるハル・バリアンは、グーグルが生み出している価値のうち、3分の2が消費者余剰であり、3分の1は生

産者余剰だと述べている。

(2)意中の商品・サービスを求めて実際の店舗を訪れるための時間コストや移動費。ネットがない時代に複数店舗の価格を比較したければ、それだけの時間と移動費をかけて各店舗を訪問しなければならなかった。

(3)https://www.fierceretail.com/digital/72-consumers-visit-amazon-before-making-a-purchase

(4)2017年6月の数値はhttp://help.kakaku.com/advertisement.htmlより。2007年7月の数値は株式会社カカクコム中間株主通信(平成19年4月1日〜同9月30日)の6ページを参照した。なおカカクコムによると平成25年4月より計測ロジックが変更されているとのこと。

(5)従来は利用者が手元のコンピュータで利用していたデータやソフトウェアを、ネットワーク経由で、サービスとして利用者に提供するもの。

(6)経済学では線の形状が直線だとしても、それは曲線の一種(あるいは曲線のなかの特殊な形態)だとみなして「需要曲線」「供給曲線」という呼び名を使うため、本書でもそのように使用している。

(7)供給曲線の傾きを変えず右にシフトさせてもよいが、消費者余剰と生産者余剰の両方が増加するという結論は同じなので、ここでは限界費用の傾きが小さくなったと想定。

(8)図では価格が低下しているが、価格が低下するかどうかは供給力と需要の変化の度合いに依存する。もし供給曲線の傾きの低下が小さく、需要が大幅に増えたら(右に大幅にシフトしたら)、新しい均衡価格は以前よりも高くなる。

(9)https://www.statista.com/statistics/245130/number-of-spotify-employees/より。2017年の従業員数データは掲載されていないので、ここではユーザー数も2016年6月時点の数値を掲載している。HPによれば、2017年6月時点のユーザー数は1億4000万人にまで拡大している。

(10)横軸に人数、縦軸に金額をとり、スポティファイに対する右下がりの需要曲線(年間)を推計した。そして年間1万2000円（スポティファイの年間利用料）の線の上と需要曲線の間の面積を有料ユーザーが得られる消費者余剰として計算し、X軸と需要曲線の間の面積（X軸は6000万〜1億4000万人の範囲）を無料ユーザーが得られる消費者余剰として計算した。

(11)ダイアン・コイル『GDP――〈小さくて大きな数字〉の歴史』高橋璃子訳、みすず書房、2015年、19ページ

(12)第3章注（11）22ページ

(13)第3章注（11）22ページ

(14)GDP統計は生産、支出、分配の三面から経済活動を評価しているため、生産力以外にも着目をしているが、発端は生産力の評価である。

(15)Erik Brynjolfsson, and Joo Hee Oh, "The Attention Economy: Measuring the Value of Free Digital Services on the Internet," International Conference on Information Systems, 2012

(16)各年の平均為替レートを用いて日本円に換算した。

(17)モデルはその後アップデートされていて、NRIは2018年1月からモデル製作者と共同研究プロジェクトを始めている。そのため新モデル下での日本および米国の消費者余剰額は、図表3-8とは大きく数値が異なる可能性があることにご留意いただきたい。

(18)英国で産業革命前に起こった第一次囲い込み運動では、共有地を柵で囲い、そこから農民を追い出した代わりに羊を飼い羊毛を生産した。

(19)ペンシルベニア大学ウォートン・スクールで教鞭を執っていたジョン・パーシバル教授は、PERについてこのたとえを好んで用いていた。

(20)第3章注（11）128ページ

第4章

（1）Rachel Botsman, "Defining The Sharing Economy: What Is Collaborative Consumption–And What Isn't?" *Fast Company*, May 27, 2015（https://www.fastcompany.com/3046119/defining-the-sharing-economy-what-is- collaborative-consumption-and-what-isnt）（２０１７年11月25日にアクセス）

（2）第４章注（１）より。以下他の用語の定義についてもこの記事を参照。

（3）http://reports.weforum.org/digital-transformation/cohealo/（２０１７年11月25日にアクセス）

（4）https://www.nytimes.com/2017/11/25/business/etsy-josh-silverman.html（２０１７年11月26日にアクセス）

（5）https://wired.jp/2015/03/25/etsy-not-good-for-crafters/（２０１７年11月26日にアクセス）

（6）https://www.kickstarter.com/help/stats?ref＝global-footer（２０１７年11月26日にアクセス）

（7）http://www.businessinsider.com/most-successful-kickstarter-projects-of-all-time-2016-6（２０１７年11月26日にアクセス）

（8）Amazon Launchpad Kickstarterと呼ばれている。

（9）http://startupcompete.co/startup-idea/internet-consumer-goods-social-entrepreneurship-services-green-it-energy/vandebron/47237（２０１７年11月27日にアクセス）

（10）円を外貨にする場合はＴＴＳ、外貨を円にする場合はＴＴＢレートと呼ばれる。

（11）https://ftalphaville.ft.com/2017/10/18/2194876/zopa-more-risk-same-reward/（２０１７年11月27日にアクセス）

（12）http://www.zipcar.com/press/overview（２０１７年11月27日にアクセス）

（13）https://cf-assets-tup.thredup.com/resale_report/2017/thredUP_resaleReport2017.pdf（２０１７年11月27日にアクセス）

（14）https://www.freecycle.org/about/background（２０１７年11月27日にアクセス）

(15)https://www.theguardian.com/technology/2008/nov/24/netbytes-freecycle(２０１７年11月27日にアクセス)

(16)Eric Newcomer, "Uber, Lifting Financial Veil, Says Sales Growth Outpaces Losses," *Bloomberg*, April 14, 2017 (https://www.bloomberg.com/news/articles/2017-04-14/embattled-uber-reports-strong-sales-growth-as-losses-continue) ２０１７年４月15日

(17)Leslie Hook, "UberEats a Bright Spot on Menu with $3bn Potential Sales," *Finnancial Times*, October 16, 2017 (https://www.ft.com/content/a40e56f2-b056-11e7-aab9-abaa44b1e130)

(18)http://nextjuggernaut.com/blog/uber-laundry-woes-lessons-washio/ (２０１６年11月10日)

(19)クラッシュパッドは２０１２年に債務超過によって新しいオーナーに売却されている。記事によれば、２０１１年８月時点で６８９人の顧客がいて、そのうち３６０人は樽ワインを持っている。また新規顧客を含めて80人が２０１２年にワインを製造する契約を結んでいたとのこと。(https://www.winesandvines.com/news/article/104518/Crushpad-Had-Nothing-Left-to-Spend, Aug., 24, 2012)

(20)アルン・スンドララジャン『シェアリングエコノミー——Ａｉｒｂｎｂ、Ｕｂｅｒに続くユーザー主導の新ビジネスの全貌』門脇弘典訳、日経ＢＰ社、２０１６年、１４０-１４２ページ

(21)Paul Krugman, "Increasing Returns, Monopolistic Competition, and International Trade," *Journal of International Economics*, Vol.9, 1979

(22)ＮＲＩ『知的資産創造』２０１８年新春号、34ページ

(23)買い物を代行するショッパーはインスタカートの正社員になりつつあるので、これはサイドではなくプラットフォーマーの一部である。

(24)第４章注(20)72ページ

(25)原題は"Airbnb and Impacts on the New York City Lodging Market and Economy," HVS Consulting & Valuationが

作成。

(26) http://www.pieria.co.uk/articles/uber_and_the_economic_impact_of_sharing_economy_platforms, Feb. 26, 2016

(27) Samuel Fraiberger and Arun Sundararajan, "Peer-to-Peer Rental Markets in the Sharing Economy"（２０１７年11月30日にアクセス）

(28) 第４章注（20）２２６ページ

(29) Peter Cohen, Robert Hahn, Jonathan Hall, Steven Levitt, and Robert Metcalfe, "Using Big Data to Estimate Consumer Surplus: The Case of Uber," *NBER Working Paper*, No. 22627, August 30, 2016

(30) 第４章注（20）２１４-２１７ページ

(31) フランシス・フクヤマ『「信」無くば立たず』加藤寛訳、三笠書房、１９９６年

第5章

(１) 第２章注（18）15ページ

(２) 買い手の支払意思額が売り手の売却意思額の２倍以上だったとしても、買い手の数（Ｎ人）が売り手の数（Ｍ人）よりも少ない（N<M）場合はレモン問題が発生する。

(３) ケヴィン・ケリー『〈インターネット〉の次に来るもの――未来を決める12の法則』服部桂訳、ＮＨＫ出版、２０１６年、93-99ページ

(４) 野中郁次郎、竹内弘高による知識創造理論（ＳＥＣＩモデル）のなかで、暗黙知を形式知にするプロセスである「表出化」においてＡＩを有効活用するイメージである。

第6章

(1)エンクロージャーは産業革命以前から行われていて、16世紀に羊毛産業の育成のために行われた大規模な運動を第一次エンクロージャーと呼び、18世紀に起こった第二次エンクロージャーは、主に農業生産性を高める点で効果を発揮した(長谷川貴彦『産業革命(世界史リブレット116)』山川出版社、2012年、42ページを参照)。

(2)T・S・アシュトン『産業革命』中川敬一郎訳、岩波文庫、1973年、33-34ページ

(3)ジェレミー・リフキン『限界費用ゼロ社会〈モノのインターネット〉と共有型経済の台頭』柴田裕之訳、NHK出版、2015年、256ページ

(4)もちろん私の肩越しから誰かが同時に読むことは可能だが、私と同じペースで読むとは思えないので競合している。

(5)共有財に移行したわけではないことに注意。もし私がデジタル化した本をインターネット上で不特定多数と共有した場合は右下の公共財の領域に移行する。

(6)法的には依然として登記簿に記載されている所有者の私有財であるが、実際的に共有財化しているという意味である。

(7)国営企業が私有財の一部も提供しているケースは世界中に見られるが、ここでは議論を単純化している。

(8)同論文では、くじ引き、先着順、オークション方式などが例として挙げられている。そしてこれらの方法はどれも反論が出るだろうが、何か対策を打たないといけないということには皆が渋々でも同意しなければならないと述べている。

(9)林雅秀、金澤悠介「コモンズ問題の現代的変容」『理論と方法』第29巻第2号、2014年、241-259ページを参照

(10)原始社会でコモンズ方式が存在していたと主張する場合、コミュニティの成員のなかには生者だけでなく死者（先祖の霊）も含めてルールが策定されていたと考えるべきである。マルセル・モースは北米の先住民族を観察し、これらの部族では生者は霊の代理として行動しているにすぎず、この世にある物や財の真の所有者は死者の霊であって、契約関係、経済関係はこれらの霊と結ばれていることを述べている。（マルセル・モース『贈与論 他二篇』森山工訳、岩波文庫、２０１４年、１１６–１１７ページ）

(11)http://jccu.coop/about/coop/（２０１７年12月18日にアクセス）

(12)第４章注（20）３３８–３４５ページ

(13)http://www.onlinecreation.info/digital-commons/（２０１７年12月18日にアクセス）

(14)https://en.wikipedia.org/wiki/List_of_Wikipedias#Detailed_list（２０１７年12月18日にアクセス）

(15)ウィキプロジェクトの詳細についてはhttps://en.wikipedia.org/wiki/WikiProject（２０１７年12月18日にアクセス）を参照のこと。

第7章

(１)Peter Weill, and Stephanie L. Woerner, "Is Your Company Ready for a Digital Future?" *MIT Sloan Management Review*, Winter 2018

(２)Peter Weill, and Stephanie L. Woerner, "Thriving in an Increasingly Digital Ecosystem," *MIT Sloan Management Review*, Summer 2015

(３)ハンナ・アレント『人間の条件』志水速雄訳、ちくま学芸文庫、１９９４年所収、第二章「公的領域と私的領域」および第三章「労働」を参照のこと。

(４)Jaron Lanier, *Who Owns the Future?* Penguin Books, 2014

（5）第2章注（18）45ページ
（6）第2章注（18）３００ページ
（7）スポティファイは一般料金よりも安い学生料金体系を提供しているが、これはユーザーの支払能力による差異化であって、支払意思額の違いによる差異化ではない。
（8）Stefan Thomke, *Experimentation Matters: Unlocking the Potential of New Technologies for Innovation*, Harvard Business School Press, 2003
（9）英語では"Success Depends on How Many Experiments You Can Fit into 24 Hours"。
（10）A／Bテストと呼ばれる方式が一般的。利用者を2グループにわけ、一方にはAを、もう一方にはBを提供することでその差を見る方法。
（11）エジソンは以下のようにも述べている。「私は失敗したのではない、うまくいかない1万の方法を発見したのだ（I have not failed. I've just found 10,000 ways that won't work.)」。
（12）ステファン・トムク、エリック・フォン・ヒッペル「R&Dを顧客に転嫁する事業モデル」『ダイヤモンド・ハーバード・ビジネス・レビュー』２００２年7月号、１１４ページ

第8章

（1）以下柄谷モデルに関しては『世界共和国へ――資本＝ネーション＝国家を超えて』岩波新書、２００６年、および『世界史の構造』岩波現代文庫、２０１５年を参照している。本書の概説では言葉足らずで誤解を生む可能性もあるので、さらに理解を深めたい方も含めてこの2冊をぜひご参照いただきたい。
（2）マルセル・モース『贈与論』森山工訳、岩波文庫、２０１４年、２３０ページ
（3）モースは『贈与論』のなかで、米国北西部の先住民族において「ポトラッチ」という交換様式が存在してい

ることを紹介し、これは互酬形式だが競覇的な様相を示していて、「豪奢を尽くして相手に大きな貸しをつくる……お互いの間に階層関係を確立するためにおこなう戦いなのである」（73ページ）と述べている。

（4）柄谷行人『世界史の構造』岩波現代文庫、２０１５年、11ページ

（5）スンドララジャンは、著書『シェアリングエコノミー』のなかで、彼が述べている贈与経済は、マルセル・モースの贈与経済の世界ではなく、より純粋贈与的な世界だと述べている。これは我々の認識とも近い。なぜならモースの贈与経済は義務をベースとしたＡの世界を表しているが、我々やスンドララジャンが想定している贈与経済は自由意志をベースとしたＤの世界だからである。

（6）２０１７年12月時点で実際にサービス提供にまで至った地域はなく、事業運営に苦戦している可能性がある。

（7）Ilana E. Strauss, "The Myth of the Barter Economy," *The Atlantic*, February 26, 2016の記事がわかりやすい。（https://www.theatlantic.com/business/archive/2016/02/barter-society-myth/471051/）

（8）第８章注（４）14ページ

（9）２０１０年にスワップ・ドット・コムに買収され、その後スワップ・ツリーのサービスは閉鎖された。

（10）これは、メラネシアのトロブリアンド諸島などで行われている「クラ」と呼ばれる円環的な贈与取引（１つの島から次の島へと時計回りに行われる贈与）を想起させるが、スワップ・ツリーの場合は実用的な取引であること、また見知らぬ人々の間で円環取引を実現した点が異なる。

（11）Veronica Marquez, "Swap Economy: Barter Goes Mainstream," *Campaign US*, November 30, 2015（https://www.campaignlive.com/article/swap-economy-barter-goes-mainstream/1374990）

（12）たとえば"The Return of the Barter Economy"という記事がその典型例である。（http://strategiesforgrowth.com/future-trends/the-return-of-the-barter-economy/）（２０１７年12月23日にアクセス）

（13）第７章注（４）所収、Introduction。

(14)柄谷はルソーの社会契約論が個々人を出発点として国家の生い立ちを考えている点を批判し、むしろホッブスが定義する自然状態や社会契約の定義を正しいと述べていて（第8章注（4）103-104ページ）、柄谷の世界観とルソーの世界観は異なるのだが、人々の自由と平等を目指す意志、という点ではルソーの著作の影響力が大きいと考え、ルソーを引用している。

(15)日本人全体をネーションと見なせば、A：共同体内での活動であって、交換様式Aの範疇ではないかという反論もあり得るが、震災時に行われた他地域からのボランティア、義援金はデジタルネットワーク上で拡散し、しかも自由意志に基づいていたことから本書では交換様式Dだと解釈したいと思う。

第9章

(1)M・オズボーン、C・フレイ「人工知能は職を奪うか（上）――日本、生産性向上の好機に」『日本経済新聞』2016年1月12日

(2)川田順造『〈運ぶヒト〉の人類学』岩波新書、2014年、45ページ

(3)文明評論家のジェレミー・リフキンは *The End of Work*（邦訳『大失業時代』松浦雅之訳、TBSブリタニカ、1996年）という本を1995年に発表している。

(4)第2章注（3）308ページ

第10章

(1)マーティン・フォード『ロボットの脅威――人の仕事がなくなる日』松本剛史訳、日本経済新聞出版社、2015年

(2)"I can haz all your votes," *The Economist*, November 4, 2017, pp.19-21

(3)2017年1月より、定職についていない2000人を対象に毎月560ユーロ(約7万円)を2年間支給するという社会実験を開始。対象者が途中で職を見つけたとしても支給は続く。

(4)同書の最後に記載されている日本語版編集部の解説によれば、ブレグマン本人と相談してハイエクの『隷属への道』を本歌取りしてこのタイトルにしたという。(ルトガー・ブレグマン『隷属なき道――AIとの競争に勝つベーシックインカムと一日三時間労働』野中香方子訳、文藝春秋、2017年、307ページ)

(5)第10章注(4)181ページ

(6)格差の規模を表すGINI係数は、1人が所得を総取りし残り全員が所得ゼロの状態で最大化する。

(7)E・H・カー『危機の二十年――理想と現実』原彬久訳、岩波文庫、2011年、38-39ページ。余談になるが、ハイエクは『隷属への道』のなかで、E・H・カーの同書を取り上げて、英国人のカーの思想がドイツ的であって国家社会主義を信奉していることを非難している。

(8)E・H・カーは『危機の二十年』のなかで、(偽善の)ユートピアニズムをリアリズムで粉砕して新しいユートピアニズムを構築すべきと述べているが、本書では逆にリアリズムからユートピアニズムに進んでいきたいと思う。

(9)詳細は第4章注(20)所収、第5章を参照のこと。

(10)第2章注(18)25ページ

(11)第6章注(3)44ページ

(12)第6章注(3)の第5部のタイトルである。

(13)第6章注(3)424-425ページ

(14)スタートレックにはいくつかのシリーズがあるが、サーディアが同書で主に取り上げているのは24世紀が舞台のシリーズ(新スタートレック、ディープ・スペース・ナイン、ヴォイジャー)である。

(15)Manu Saadia, *Trekonomics*, Inkshares, 2016, pp.4–5

(16)第10章注（15）１７３ページ

(17)IMD, "IMD World Digital Competitiveness Ranking 2017"

(18)たとえば神尾文彦「大都市と地方の自立共生モデル――ローカルハブの形成が重要に」『知的資産創造』ＮＲＩ、２０１５年６月号を参照のこと。

(19)第６章注（１）45-46ページ

(20)たとえばhttp://www.hiringlab.org/2017/10/03/us-tech-workers-seek-canadian-jobs/（２０１８年１月５日にアクセス）を参照のこと。

(21)第２章注（５）65ページ

(22)主観知、集合知は、西垣通『集合知とは何か』中公新書、２０１３年を参照のこと。また実践知は野中郁次郎・竹内弘高「『実践知』を身につけよ　賢慮のリーダー」『ＤＩＡＭＯＮＤハーバード・ビジネス・レビュー』２０１１年９月号を参照のこと。

おわりに

ＮＲＩでは、「デジタルが拓く近未来」をテーマに２０１７年度から研究チームを発足させ、今後のデジタル化のインパクトについて調査・分析を実施している。その成果の一部は、２０１７年10月４日に開催されたＮＲＩ未来創発フォーラム２０１７の基調講演「デジタルで変える日本の未来」などに活用されているが、本書はその内容を踏まえた形で執筆されている。

本書は１つの謎解きからスタートしている。日本経済を見渡すと投資や賃金が弱含みのまま推移し、ＧＤＰ成長率が低空飛行をしている反面、ＮＲＩのアンケート結果からは日本人の主観的な生活レベルが向上し続けているという、一見すると相矛盾する事象をどう解釈したらよいのか、というものである。そして我々は、さまざまな分析や社内外の議論を通じて、デジタルが消費者余剰の存在感を高めるなど経済のピンボケ現象を引き起こしていると信じるに至った。さらに言えば、我々の経済は18世紀英国で始まった産業資本主義とは異なる、デジタル資本主義とでも呼べるような時代にすでに移行しているとも考えている。

デジタルは端的に言えば技術でしかないのだが、世界史のなかに位置づけると社会構造や経済構造、さらにこれまで我々が持っていた価値観をも大きく揺るがす存在になりつつある。本書では、デジタル化により経済システムがダイナミックに変化している点に特に注目した内容になっているが、我々の関心はさらにその先の産業構造や企業経営に与えるインパクトにもある。デジタル化の影響は産業構造をディスラプティブな形で大きく変えようとしている。巨大プラットフォーマーが旧来のビジネスモデルを破壊し、従来保持されていた企業の生産者余剰を一気に収奪し始めているのである。さらにデジタルは従来の産業構造を破壊するだけでなく、企業のバリューチェーンもバラバラに分解することで、これまでの業種分類という概念も破壊していくと考えている。

デジタル化が産業構造を具体的にどう変えていくか、そこで企業経営は何を迫られて課題を解決していくのかなどの論点について、我々の研究チームは引き続き検討を進めていく予定であり、ぜひ今後の成果にも期待していただきたい。

最後に、本書を執筆するのに際し、意見交換をさせていただき、貴重な示唆をいただいた社内外の方々には厚く御礼を申し上げたい。特にシェアリング・エコノミー研究の第一人者と言われるニューヨーク大学のアルン・スンドララジャン教授は、多忙ななか我々とのディスカッションに応じていただき、本書の内容に対して深い示唆をいただいたことに御礼申し上げる。また産業戦略研究所の村上輝康代表（元NRI理事長）には、我々の原稿に目を通していただき、本書の構成やタイトルなどについて貴重なアドバイスをいただいた。

NRIの此本臣吾社長には、「デジタルが拓く近未来」という研究テーマを主導していただき、また本書の監修をしていただいた。未来創発センターの桑津浩太郎センター長・研究理事には社内の研究チームを統括していただき、我々の担当した調査などの実施を支援いただいた。野村マネジメント・スクールの福井正樹前学長ならびにNRIコンサルティング事業本部長の村田佳生常務執行役員には、研究に必要な調査の実施に関する支援など本書執筆にあたってさまざまな配慮をしていただいた。そして金融ITイノベーション事業本部の柏木亮二上級研究員、デジタル基盤イノベーション本部の古明地正俊上席研究員をはじめとする弊社研究チームのメンバーには、ディスカッションを通じてアドバイスをいただいた。ここに改めて感謝を申し上げたい。
そして東洋経済新報社の伊東桃子氏には本書の構成・執筆に関する的確なアドバイスをいただいたことに、この場をお借りして深く御礼申し上げる。

森　健
日戸浩之

2018年4月

●監修者・著者紹介

[監修者]

此本　臣吾（このもと　しんご）

野村総合研究所（NRI）代表取締役社長。1985年東京大学大学院工学系研究科機械工学科修了、同年NRI入社。グローバル製造業の戦略コンサルティングに従事。1994年台北事務所長（1995年同支店長）、2000年産業コンサルティング部長、2004年執行役員コンサルティング第三事業本部長、2010年常務執行役員コンサルティング事業本部長、2013年常務執行役員コンサルティング事業担当、2015年代表取締役専務執行役員ビジネス部門担当。2016年より現職。共著書に『2010年のアジア』『2015年の日本』、共編著書に『2015年の中国』『2020年の中国』（いずれも東洋経済新報社）がある。

[著者]

森　健（もり　たけし）

野村マネジメント・スクール（NSAM）プログラム・ディレクター、上級研究員。1995年慶應義塾大学経済学部卒業、同年野村総合研究所（NRI）入社。2005年ロンドン・スクール・オブ・エコノミクス（LSE）経済学修士課程修了。専門はマクロ経済、グローバル経営。2012年より野村マネジメント・スクールにて経営幹部を対象とした講座を企画・運営。共著書に『2010年のアジア』『2015年の日本』『2020年の産業』（いずれも東洋経済新報社）、『グローバル・ビジネス・マネジメント』（中央経済社）がある。

日戸　浩之（にっと　ひろゆき）

野村総合研究所（NRI）コーポレートイノベーションコンサルティング部グループマネージャー、上席コンサルタント。1985年東京大学文学部社会学科卒業、同年NRI入社。1996年東京大学大学院経済学研究科修士課程修了。専門はマーケティング戦略立案、生活者の意識・行動分析、サービス業（教育、人材関連など）の事業戦略など。現在、北陸先端科学技術大学院大学客員教授を兼務。共著書に『変わりゆく日本人』『続・変わりゆく日本人』『第三の消費スタイル』（いずれも野村総合研究所）、『大衆化するIT消費』『なぜ、日本人はモノを買わないのか？』『なぜ、日本人は考えずにモノを買いたいのか？』（いずれも東洋経済新報社）などがある。

デジタル資本主義

2018年5月3日発行

監修者――此本臣吾
著　者――森　健・日戸浩之
発行者――駒橋憲一
発行所――東洋経済新報社
〒103-8345　東京都中央区日本橋本石町 1-2-1
電話＝東洋経済コールセンター　03(5605)7021
http://toyokeizai.net/

装　丁…………橋爪朋世
本文デザイン……アイランドコレクション
印　刷…………東港出版印刷
製　本…………積信堂
編集担当………伊東桃子
　Printed in Japan　ISBN 978-4-492-39641-4